Positive Psychologie 3 in 1

Positives Denken | NLP | Emotionale Intelligenz: Das vollumfängliche Praxisbuch – Wie Sie negative Gedanken stoppen, Resilienz trainieren und Blockaden lösen

Victor von Ebersberg

ISBN – 9798487371416

EXKLUSIVER BONUS

GRATIS HÖRBUCH

Positive Psychologie –
Wie Sie Glaubensätze lösen, negative
Gedanken loswerden und ihr Glück
selbst in die Hand nehmen

Halten Sie Ihre Handykamera einfach auf den QR Code
und kommen Sie so zu dem Gratis-Download:

QR-Code mit Kamera scannen und
GRATIS Bonus erhalten:

Inhaltsverzeichnis

Vorwort

Wir sind oft in der Annahme, absolut klar sehen zu können, wer wir selbst sind oder sind vollkommen von unserer Wahrnehmung der Dinge überzeugt. All unsere Handlungen und Gedanken, unsere Momente von Erfolg und Scheitern, von wirklich und unwirklich entstehen aus dieser Seinsvorstellung. Der deutsch-französische spirituelle Lehrer Jean Klein erläutert, dass sich unsere Wahrnehmung aus zwei Komponenten zusammensetzt: der chronologischen Vergangenheit und der psychologischen Vergangenheit. Lediglich 10% unserer Wahrnehmung spiegelt die tatsächlichen Ereignisse wieder, die uns widerfahren sind. 90% unserer Wahrnehmung sind von unserer Reaktion geprägt. In dem Augenblick, in dem du diese Aussage näher verstehst und verinnerlichst, ändert sich der Verlauf deines Lebens grundlegend. Du wirst ein Gefühl der Unabhängigkeit verspüren und deine Gewohnheiten, Emotionen, Gefühle und Entscheidungen mit mehr Klarheit sehen. In diesem Zustand empfindest du auch eine tiefe Verbundenheit mit deiner angeborenen Fülle und Kreativität und kannst so voll durchstarten.

Ich selbst bin für lange Zeit mit angezogener Handbremse durch mein Leben gegangen und habe mich gefragt, wieso ich mich überwiegend müde, lustlos und erschöpft fühle. In diesem Ratgeber möchte ich dir die Tricks zeigen, die mir geholfen haben, mein Leben umzukrempeln und einen roten Faden zu definieren. Ich wünsche mir von Herzen, dass auch du dich aus dem endlosen, ermüdenden Sog der Vergangenheit lösen kannst und deine Energie auf die Gegenwart richten kannst. Die Tricks, die ich dir hier vorstelle, sollen dir dabei helfen, Vorwürfe gegen dich selbst und andere loslassen zu können, emotionale Lasten hinter dir zu lassen und das „Was wäre wenn Spiel" sein Interesse verliert. Du kannst all deine Erfahrungen, die du im Laufe deines Lebens gesammelt hast dazu nutzen, neue Überzeugungen und Verhaltensmuster zu etablieren. Deine Vergangenheit bestimmt nicht deine Zukunft! Solange du weitermachst wie bisher, wirst du unbewusst wieder und wieder denselben (bekannten) Kreislauf aus blockierenden Überzeugungen und Verhaltensmustern durchlaufen. Du kannst dich jedoch jederzeit entscheiden, ob du die Rolle des Opfers oder des Schöpfers in dieser Erfahrung einnehmen möchtest. Wiederkehrende Gedanken formen unsere Überzeugungen und unsere Überzeugungen formen unsere Verhaltensmuster.

Lass uns nun gemeinsam beginnen, die Weichen für dein selbstbestimmtes Leben zu stellen, indem wir in das Kleine 1 x 1 des Positiven Denkens eintauchen.

Viel Spaß!

Positives Denken in der Psychologie

Unsere Gedanken haben eine magnetische Wirkung und die Macht, Dinge wahr werden zu lassen. Gedanken beeinflussen unsere Wahrnehmung und formen die Grundlage für unsere Handlungen. Dieses Prinzip formt die Grundidee des Positiven Denkens in der Psychologie, gemäß dem Gesetz „Die Energie fließt dahin, worauf die Aufmerksamkeit gerichtet ist.“ Wenn wir unsere Gedanken also dauerhaft auf konstruktive und optimistische Lösungen und Sichtweisen richten, können wir somit eine höhere Zufriedenheit, Gelassenheit und Lebensqualität erreichen. Es bedarf hierzu keiner spirituellen oder religiösen Ausrichtung. Das Prinzip des Positiven Denkens ist sehr simpel: Richte deine Aufmerksamkeit einfach wieder und wieder auf all die schönen und bereichernden Dinge in deiner Umgebung und in deinem Denken und erlaube die positive Energie Positives in deinem Leben zu manifestieren. Positives Denken ist nicht mit Tagträumen oder Verneinung der Realität zu verwechseln. Das Erfolgsgeheimnis liegt vielmehr darin, dass wir uns bewusst klar machen, welche Hindernisse wir auf unserem Weg zum Ziel überwinden müssen und unsere Energie auf die Lösung anstatt auf das Problem richten. So gewinnen wir die nötige Energie, unsere Träume durch aktives Handeln Wahrheit werden zu lassen.

„Jede Revolution war zuerst ein Gedanke im Kopf eines Menschen.“
Ralph Waldo Emerson

Wir richten unseren Fokus also auf die Tatsache, dass das Glas „halb voll“ und nicht „halb leer“ ist. Wir schaffen Raum für Erfolge und nähren unser Selbstvertrauen und öffnen uns den endlosen

Möglichkeiten, die das Leben für uns bereit hält. Wir lassen uns nicht von einschränkenden Glaubenssätzen zurück halten und gehen Dinge dennoch an, auch wenn andere unsere Vorhaben als unrealistisch halten. Wir glauben an unser angeborenes Potential und nutzen dieses, um vermeintlich Unmögliches umzusetzen. Diese Einstellung hat viele positive Nebenwirkungen, bspw. sind wir auf natürlich Weise glücklich, wenn wir uns mehr auf die positiven Dinge in unserem Leben konzentrieren. Wir nähren so kontinuierlich unsere Kreativität, unser Selbstbewusstsein und unser Selbstwertgefühl und bleiben so handlungsfähig.

Die Basis, die wir durch eine Neuorientierung unseres Denkens schaffen, wirkt sich auf alle Bereiche in unserem Leben aus. Diverse Studien zeigen, dass Positives Denken auch einen positiven Effekt auf unsere Gesundheit haben kann. Lediglich voll und ganz an Heilung zu glauben soll die Chancen, eine Krankheit überwinden zu können, bereits um ein Vielfaches steigern. Ein positiver Blick auf uns selbst unterstützt uns dabei, uns für neue Möglichkeiten zu öffnen, unseren eigenen Horizont zu erweitern und ist somit eine wichtige Voraussetzung für privaten und beruflichen Erfolg. Positives Denken stärkt unsere Belastbarkeit, unsere Innovationsfähigkeit und unsere Fähigkeit, präsent zu sein. Sogar die Sinnesorgane sollen besser funktionieren, wenn wir positiv eingestellt sind.

Ich möchte nun einen wichtigen Aspekt klarstellen: Positives Denken bedeutet nicht, alles Negative einfach auszublenden und zu ignorieren. Es bedeutet nicht, die Augen zu verschließen und sich Märchengeschichten zu erzählen und sich so in einer falschen Traumwelt, vollkommen getrennt von der Realität, aufzuhalten.

Positives Denken ist also nicht als Passives Nichtstun und Wunderheilmittel für alle Probleme zu verstehen, sondern kann mehr als ein Rezept verstanden werden, mit dem wir unsere Ziele und Wünsche erreichen können. Wir richten unseren Fokus bewusst auf die positiven Aspekte und geben diesen somit mehr Gewicht, während wir den negativen Aspekten ebenfalls Raum geben. Wir lassen die negativen Aspekte jedoch nicht Oberhand gewinnen, sondern behalten unsere grundlegende positive und optimistische Einstellung. Die Rezeptformel lautet hierbei:

Definiere

- Deinen Herzenswunsch
- Das gewünschte Ergebnis
- Potenzielle Hindernisse
- Einen MasterPlan

Um dieses Rezept erfolgreich anzuwenden, kannst du dir unterstützende, positive Affirmationen aufschreiben, Erinnerungen mit kurzen positiven Nachrichten auf deinem Handy programmieren, Journaln, ein paar bewusste Momente jeden Tag mit deiner kraftvollen Vision verbringen, ein Dankbarkeitstagebuch führen, eine fördernde Morgenroutine pflegen und täglich mindest 10 Minuten zu guter Laune Musik tanzen. Dein Körper und dein Geist sind unweigerlich miteinander verbunden. Nutze diese Weisheit zu deinem Vorteil. Wir werden uns zu einem späteren Zeitpunkt in diesem Buch ein paar der genannten Übungen näher ansehen. Nun aber zunächst eine paar erste Tipps und Tricks, die du direkt anwenden kannst, um die

Weichen für eine positive und optimistische Lebenseinstellung zu stellen.

Tipps und Tricks für Positives Denken

1. Schenke der Welt dein Lächeln

Es ist schon lange bekannt, dass Lächeln Glückshormone freisetzt. Dein Verstand ist unweigerlich mit deinem Körper verbunden, und so sendet ein Lächeln und die dafür spezifische Haltung deiner Gesichtsmuskeln gewisse Signale an dein Gehirn aus. Ein kurzer, bewusster Moment mit einem Lächeln auf deinem Gesicht kann dir helfen, dich zu entspannen und zufriedener zu fühlen.

2. Dosiere und steuere deinen Medienkonsum bewusst

Medien haben die Tendenz, vorwiegend negative Nachrichten zu verbreiten. So kann leicht der Eindruck entstehen, dass die ganze Welt im Chaos versinkt und das Leben eine einzige Anreihung aus Katastrophen ist. Aufgrund des aktuellen Technologiestands können wir in nahezu jedem Moment an nahezu jedem Ort auf Nachrichten aus der ganzen Welt zugreifen und mit unserer Außenwelt in Verbindung treten. Verzichte eine Weile auf den konstanten Fluss an Nachrichten im Radio, Fernsehen oder Sozialen Medien. Entscheide dich bewusst gegen das Bombardement an Negativität und les lieber ein gutes Buch, verbringe Zeit in der Natur oder mit deinen Liebsten.

3. Sei der Wächter über deine Gedanken

Entscheide dich bewusst, dem Fluss an negativen Gedanken keine Aufmerksamkeit zu schenken. Negative Gedanken können eine immense Macht haben und deine Laune, dein Selbstwertgefühl, deine Freude und all deinen Mut im Nu vernichten. Und bevor du dich umsehen kannst, bist du am Boden zerstört, von Selbstzweifeln zerfressen, von Sorgen erdrückt und von der Angst lahm gelegt. Das muss aber nicht sein. Wenn negative Gedanken aufkommen, akzeptiere sie und erkenne ihre Existenz an, gebe ihnen jedoch keine Macht. Lenke deine Aufmerksamkeit bewusst auf die guten Dinge in deinem Leben, dies kann eine Blume in deiner unmittelbaren Umgebung sein, Sonnenstrahlen auf deiner Haut, ein warmer Kaffee, etc. Die guten Dinge im Leben sind immer vorhanden, erlaube ihnen, die Hauptrolle in deinem Leben zu spielen.

4. Sage „Nein!“ zu Miesepetern

Manchmal sind die Botschafter von negativen Nachrichten und Stimmungen die Menschen in unserem Umfeld. Manche Menschen sind Weltmeister im jammern, meckern und motzen. Wenn du ständig von solchen Menschen umgeben bist, färbt diese Einstellung früher oder später auch auf dich ab. Entscheide dich also auch hier bewusst für Sonnenkinder, Menschen mit einer positiven und lebensfrohen Einstellung und lass dich von ihnen mitreißen!

5. Sage „Ade“ zu Vergleichen

Wir alle haben unsere Stärken und Schwächen, und genau diese Unterschiede bereichern das Leben und machen es bunt und vielfältig. Wir neigen jedoch öfters dazu, uns mit anderen zu vergleichen, denen es vermeintlich besser geht - ein größeres Haus, ein neueres Auto, eine teure Fernreise, eine bessere

Figur, mehr Freunde, etc. Wenn du diesen Pfad wählst, sind Unzufriedenheit, mangelndes Selbstbewusstsein und Unglücklichsein vorprogrammiert. Also lass die Vergleiche doch einfach sein und freue dich für die anderen für das, was sie haben und erkenne auch all deine Errungenschaften und Schätze an, auf die andere neidisch sein könnten.

6. Feiere dich selbst!

Du hast bis zum heutigen Tag schon eine ganz schöne Menge erreicht und einige Hürden in deinem Leben gemeistert: vom laufen/ sprechen/ lesen/ schreiben lernen, über den ersten Herzschmerz, die erste eigene Wohnung, der erste Job, die erste Beförderung, usw. Feiere all deine großen und kleinen Errungenschaften und Erfolge und führe neben deiner To-Do-Liste auch eine „Das-habe-ich-geschafft-Liste". All die kleinen Dinge, wie das tägliche Aufstehen, Essen kochen, einkaufen, arbeiten, Wäsche waschen, etc. tragen dazu bei, dass du deinen Alltag Tag ein Tag aus meisterst und nebenher kommst du deinem Traum auch noch Schritt für Schritt näher. Ist das nicht ein triftiger Grund zu feiern?!

Positives Denken im NLP

Das Prinzip des Neurolinguistischen Programmierens, kurz NLP, basiert auf dem Verständnis, dass unser Denken und Handeln grundlegend von unseren Sinneserfahrungen geprägt sind. Durch die gesammelten Erfahrungen kreieren wir unsere individuelle Innenwelt, unseren ganz persönlichen Filter, durch den wir unsere Erlebnisse wahrnehmen und einordnen. Unsere Innenwelt besteht aus inneren Dialogen, Bildern, Liedern, Gerüchen, Berührungen, usw. und wird ebenfalls von unserem sozialen Umfeld wie auch unseren biologischen Mechanismen beeinflusst. NLP unterstellt, dass all unsere Denkvorgänge einer für uns bestimmten, individuellen Reihenfolge unterliegen und wir gewisse Präferenzen in Bezug auf unsere Sinneserfahrungen haben und wir diese bewusst umprogrammieren können. Beobachte dich über die kommenden Tage und finde heraus, wo deine Präferenzen liegen - besteht deine innere Welt überwiegend aus visuellen, auditiven, kinästhetischen oder olorischen Eindrücken?

Mit diesem Wissen kannst du dann die Theorie des NLP in die Praxis umsetzen und mit dem Umprogrammieren deiner inneren Welt beginnen. NLP arbeitet auf neuronaler Ebene und erkennt „krankmachende" und negative Sprache, die uns blockiert und nicht vorankommen lässt. Mit dieser Erkenntnis können wir unsere negativen Grundüberzeugungen in positive, unterstützende Überzeugungen umwandeln.

"Wenn jemand meint, in einer verfahrenen
Situation zu sein,

und keinen Ausweg sieht,
so könnte das an seinem inneren Atlas liegen,

mit dem er sich selbst den Weg verstellt."
Winiarski

NLP arbeitet ausschließlich auf der kognitiven Ebene und sucht die Lösung durch Veränderung der Wahrnehmung auf dieser Ebene. Das gängigste Tool des NLP sind Interventionen. Diese sind in Form von dialogischen Fragetechniken einfach anzuwenden und schnell zu erlernen. Anhand dieser Fragetechniken werden Glaubenssätze ans Licht gebracht und die innere Wirklichkeit sprichwörtlich hinterfragt, um neue Denkimpulse zu ermöglichen. Lass uns dies nun an einem konkreten Beispiel genauer ansehen, damit du beginnen kannst, deine eigenen Glaubenssätze zu hinterfragen und umzuwandeln.

Glaubenssatz:

„Alle sind immer gegen mich. Nie kann ich es irgendjemandem Recht machen.“

Fragen:

- „Wer sind alle?“
- „Wann ist jemand gegen dich?“
- „Wo war das letzte Mal jemand gegen dich?“
- „Warum war diese Person gegen dich?“
- „Warum ist diese Person nicht gegen andere?“
- „Wem möchtest du etwas Recht machen?“
- „Was genau möchtest du jemandem Recht machen?“
- „Wieso möchtest du es anderen Recht machen?“
- „Wann hast du es das letzte Mal jemandem nicht Recht machen können?“
- „Warum kannst du es anderen nicht Recht machen?“

Diese Fragetechnik ist sehr simpel und kann dir dabei helfen, gezielt den Kern deines Problems hervorzuholen. Sobald du die Ursache kennst, kannst du die Richtung dieses Glaubenssatzes verändern, indem du ihn positiv umdeutest. Mit dieser Einstellung lernst du, deine Schwächen anzunehmen und letztendlich ebenfalls als Stärke anzuerkennen. Du kannst den Effekt durch die Methode des „Ankerns“ noch weiter vertiefen, indem du Stimmungen und Haltungen mit bestimmten Signalen verknüpfst. Diese Signale können dir dann dabei helfen, die gewünschte Stimmung oder Haltung jederzeit wieder abzurufen und so deinen Kurs für ein positives Hier und Jetzt und eine positive Zukunft einzuhalten.

Emotionale Intelligenz

Jeder Mensch hat die Fähigkeit, die eigenen Gefühle oder die eines anderen Menschen wahrzunehmen, zu verstehen und entsprechend dieser Einordnung auf diese Gefühle zu reagieren. Wir Menschen haben also das Steuerrad über unsere Gefühle in der Hand und können bestimmen, wie, wann und ob wir diese effektiv und angemessen zum Ausdruck bringen. Diese angeborene Fähigkeit wurde von dem Psychologen und Wissenschaftsjournalisten Dr. Daniel Goleman im Jahre 1995 als „Emotionale Intelligenz“ bezeichnet. Die Emotionale Intelligenz eines Menschen kann über die Zeit entwickelt und vertieft werden. Goleman widmete sich dem Thema der Emotionalen Intelligenz (kurz „EI“) ausführlich und hat mit seinen Studien das bis dato etablierte Weltbild und die ausschließliche Ausrichtung und Bewertung nach dem IQ gewaltig auf den Kopf gestellt. So unterstellt Goleman unseren emotionalen Fähigkeiten einen ebenso hohen Stellenwert für privaten und beruflichen Erfolg wie unserem Verstand. Kurz: Der beste Intellekt ist ohne ein intaktes Gefühlsleben nutzlos. Das rationale System steht in stetigem, hochkomplexen Austausch mit dem emotionalen System und beide Systeme tauschen eine beständige Wechselwirkung miteinander aus. Sprich Menschen mit einer hohen EI können weise und bedacht mit der komplexen menschlichen Skala von Angst und Wut, Freude und Verzweiflung, Aggression und Liebe umgehen.

Wie kannst du Emotionale Intelligenz erkennen? Es bedarf wirklich keiner hochkomplexen Fähigkeiten. Vermutlich bist du schon mindestens einmal nach Hause gekommen und kannst an den Gesichtern deiner Eltern ablesen, dass sie sich ein paar Momente vor deiner Ankunft ordentlich in den Haaren gelegen sind. Das ist Emotionale Intelligenz. Grundlegend kann Emotionale Intelligenz in diese „Drei-Schritte-Regel“ unterteilt werden:

1. **Wahrnehmung**

Das Beobachten und Wahrnehmen der nonverbalen Ebene unseres Gegenübers: Körperhaltung- und Körperbewegung, Gesichtsausdruck, Blickkontakt, Haltung von Armen, Beinen und Füßen, Kopfhaltung, Distanzverhalten und Stimmlage geben uns einige erste Hinweise auf die aktuelle Stimmung des anderen.

2. **Analyse**

Aufgrund unserer Beobachtungen auf nonverbaler Ebene können wir erste Schlussfolgerungen ziehen, ob es dem Gegenüber gut oder nicht so gut geht, ohne dass wir ein Wort gewechselt haben. Wir nehmen die Stimmung des anderen alleine durch die Kapazität unseres emotionalen Verständnisses wahr. Der Knackpunkt bei diesem Schritt ist jedoch, dass unsere Wahrnehmung von unseren eigenen Erfahrungen, Erlebnissen und der Art und Weise wie wir selbst unsere Emotionen zum Ausdruck bringen, geprägt ist. Es gilt also genau hinzuschauen, ob unser Gegenüber tatsächlich verärgert oder vielleicht doch eher deprimiert ist.

3. **Reaktion**

Aufgrund deiner Beobachtungen und deiner Analyse kommst du nun zu deiner Schlussfolgerung, indem du die wahrgenommenen Eindrücke und Informationen für dich einordnest. Menschen mit ausgeprägter Emotionaler Intelligenz tendieren zu einer empathischen Reaktion. Sprich, sie können sich in die Lage des anderen hineinversetzten und empfinden Mitgefühl.

Empathie und Emotionale Intelligenz sind unterschiedliche Eigenschaften. Die Voraussetzung für Empathie ist ein gewisses Level an Emotionaler Intelligenz. Empathie ist jedoch nicht immer eine natürliche Folge oder Ausdruck von Emotionaler Intelligenz. Unser Einfühlungsvermögen ist zu großen Teilen von unserer persönlichen Beziehung zu dem anderen geprägt und gesteuert. Je verbundener wir uns mit dem anderen fühlen, desto höher ist die Wahrscheinlichkeit einer empathischen und mitfühlenden Reaktion. Emotionale Intelligenz ist jedoch nicht von persönlicher Motivation angetrieben. Es ist lediglich die Fähigkeit, Emotionen in uns selbst und in anderen wahrzunehmen. Diese Fähigkeit kann, wie Sprachen oder andere Fähigkeiten, die wir in der Schule gelernt haben, ebenso trainiert und verbessert werden.

Nach Goleman kann die emotionale Intelligenz eines Menschen außerdem in fünf unterschiedliche Kategorien eingeordnet werden:

1. **Selbstwahrnehmung.**

Menschen mit einem guten Verständnis über ihre eigenen Stärken, Schwächen und ihrem Einfluss auf andere Menschen verfügen in der Regel über ein gesundes Selbstbewusstsein und haben somit eine ausgeprägte emotionale Intelligenz. Diese Kategorie Mensch ist für konstruktive Kritik durchaus empfänglich und sieht das Lernpotenzial in konstruktiver Kritik.

2. Selbstregulierung.

Menschen mit ausgeprägter Fähigkeit, ihre Emotionen zurück zu halten, zu kontrollieren und angemessen zum Ausdruck zu bringen, besitzen ein hohes Level an emotionaler Intelligenz.

3. Motivation.

Menschen mit hoher emotionaler Intelligenz haben ein hohes Level an Selbstmotivation, Resilienz, Belastbarkeit und einen gesunden inneren Ehrgeiz, der ihnen als Antrieb dient. Äußere Werte wie Geld, Anerkennung, Ansehen oder Ruhm sind nicht von Bedeutung.

4. Empathie.

Einfühlsame Menschen haben die Fähigkeit, andere Menschen auf emotionaler Ebene zu treffen. Sie verstehen den anderen und sein Anliegen daher mitfühlend und können sich in die Lage des anderen hinein versetzen. Empathie ist also nicht mit Emotionaler Intelligenz zu verwechseln, sondern ist als eine Ausprägung von Menschen mit ausgeprägter Emotionaler Intelligenz zu verstehen.

5. Soziale Fähigkeiten.

Menschen mit hoher Emotionaler Intelligenz bauen leicht Vertrauen zu anderen Menschen auf und gewinnen auf Anhieb den Respekt von anderen. Sie sind Teamplayer und können sich problemlos an wechselnde Umgebungen anpassen, kommunizieren klar und offen, sind gute Zuhörer und sind autonom und gut strukturiert.

Emotionale Intelligenz ist insbesondere in der heutigen modernen Welt, die durch Schnelllebigkeit, ständigen Wechsel und den daher eingehenden Unsicherheiten, von besonderer Bedeutung und kann ausschlaggebend dazu beitragen, negative Gedanken abzulegen, Resilienz zu trainieren und letztendlich Ängste und Blockaden abzubauen. Sie verbindet uns mit unserer Intuition und unserem Bauchgefühl und steigert so unser Selbstvertrauen und Selbstbewusstsein. Wir streben ein harmonisches Miteinander, basierend auf gegenseitigem Vertrauen und Verständnis an und gewähren ein allen Emotionen ein Daseinsrecht. Diese Fähigkeit ist sehr ermutigend und ermöglicht das Gefühl, gesehen zu werden und stillt somit unser Urbedürfnis nach Zugehörigkeit.

Die 90/10 Regel nach Stephen Covey

Wie mächtig unsere Gedanken sind, hat der US-Amerikanische Bestsellerautor Stephen Covey in seiner 90/10 Regel sehr deutlich und einfach dargestellt: Lediglich zehn Prozent unserer Wahrnehmung bilden die tatsächlichen Ereignisse in unserem Leben ab. Sage und schreibe neunzig Prozent ist unsere persönliche Interpretation und Reaktion auf die Ereignisse, die uns widerfahren. Sprich nur zehn Prozent des Lebens besteht aus dem, was tatsächlich mit dir passiert. Zehn Prozent, über die du wahrhaftig keine Kontrolle hast: Sonnenschein oder Regen, Stau auf dem Weg zum Urlaub oder zur Arbeit, Krankheit oder Gesundheit, Autopanne oder Straßensperrung. Die restlichen neunzig Prozent deines Lebens werden einzig und allein durch deine Reaktion bestimmt. Nur du allein sitzt am Steuerrad deiner Reaktionen. Kein anderer. Du bist Herrscher über deine Gefühlswelt und dein Wohlbefinden.

Lass uns die 90/10 Regel nun zum besseren Verständnis an einem konkreten Beispiel ansehen: Du sitzt mit deinem/r Partner/in am Frühstückstisch als euer Hund plötzlich wie wild anfängt, durch die Wohnung zu rennen. In seinem Wahn stößt euer Hund gegen das Tischbein des Esstischs und dir läuft der frisch gebrühte Kaffee über die beige Anzughose.

Du hast keine Kontrolle über das, was gerade passiert ist (10 Prozent). Wie sich dein Tag weiter entwickelt, hängt nun maßgeblich von deiner Reaktion ab.

Du fluchst, bist zornig und wütend. Du schimpfst vor dich hin, der Hund ist längst in einem anderen Raum und führt seinen Tag unbeschwert und ungerührt fort. Die Stimmung im Esszimmer wird zunehmend unangenehmer und dein Partner wird ganz ruhig, während du weiter vor dich hin schimpfst. Dass dein Partner nur ruhig ist und kein Wort von sich gibt, macht dich nur noch wütender. Und ehe du dich versiehst, schimpfst du nun mit deinem Partner und hältst ihm alles Mögliche vor. Völlig aufgelöst und in Rage stürmst du schließlich aus dem Esszimmer ins Schlafzimmer, um dich umzuziehen. Im Schlafzimmer stellst du nun fest, dass du keinen weiteren gebügelten Anzug hast, was dich nur noch wütender werden lässt. Gedanken wie „Ist denn auf keinen Verlass hier in diesem Haushalt? Kann nicht wenigstens einer seinen Aufgaben nachkommen? Muss ich wirklich immer alles alleine machen?!“ usw. Wutentbrannt stellst du das Bügelbrett auf und beginnst wie wild einen Anzug zu bügeln. Du wirst zunehmend nervöser, weil du dieses eine wirklich wichtige Meeting um 9 Uhr hast und dir rennt die Zeit davon. Den Anzug halbwegs ansehnlich gebügelt, stürmst du ohne ein Wort des Abschieds aus dem Haus. Da du bereits zu spät bist, fährst du schneller als erlaubt und gerätst in eine Radarkontrolle. „Na super, auch das noch. War ja klar!“ Denkst du wütend. Schließlich kommst du mit 20 Minuten Verspätung am Arbeitsplatz an, alle warten nur auf dich. Als du mit deiner Präsentation beginnen möchtest, stellst du fest, dass du in der ganzen Hektik das Vorstellungsmodell zu Hause hast liegen lassen. Kann dein Tag noch schlimmer werden? Allerdings. Dein ganzer Tag ist vollgepackt mit einem Meeting nach dem anderen, du kommst nicht einmal dazu, dich ein paar Minuten hin zu setzen und zu Mittag zu essen. Völlig übermüdet und abgespannt, freust du dich darauf, endlich Feierabend machen zu können und zu deinem Partner und deinem Hund zurück zu kehren. Du freust dich auf einen gemeinsamen gemütlichen Abend. Doch als du Zuhause ankommst, findest du nur eine leere Wohnung vor. Du suchst die ganze Wohnung nach einer Notiz von deinem Partner ab. Du wunderst dich, dass du nichts findest, denn normalerweise hinterlasst ihr euch kurze Nachrichten, wenn ihr abends ausgeht. Du schmeißt dir also eine Tiefkühlpizza in den Ofen und setzt dich griesgrämig vor den Fernseher. Irgendwann kommt dein Partner nach Hause und geht schnurstracks, ohne ein Wort zur Begrüßung ins Bad und macht sich fertig zum schlafen gehen. Du spürst den Keil, den du mit deinem Verhalten am Morgen zwischen euch getrieben hast und bereust dein Verhalten zutiefst.

Nun die Quizfrage: Warum hattest du einen so schlechten Tag?

A. Weil dein Hund gegen den Tisch gerannt ist.
B. Weil dir beim Frühstück Kaffee über die Hose gelaufen ist und deinen Anzug versaut hat.
C. Weil dein Partner einfach mucksmäuschenstill am Frühstückstisch geblieben ist.
D. Weil du geblitzt worden bist, weil du schneller fahren musstest, um wenigstens nicht super spät zu deinem Meeting zu kommen.
E. Weil du griesgrämig auf die Ereignisse reagiert hast.

Du hast richtig geraten, die korrekte Antwort ist "E".

Du hattest keine Kontrolle darüber, dass dein Hund gegen den Tisch gerannt ist und dir deswegen der Kaffee über die Hose gelaufen ist. Deine Reaktion auf dieses Ereignis, diese 5 Sekunden, in denen du dich entschieden hast, zornig zu reagieren, ist die Ursache für deinen schlechten Tag.

Hier nun ein Alternativszenario, wie dein Tag auch hätte verlaufen können: Dein Hund rennt gegen den Tisch, Kaffee läuft über deine Anzughose. Du lachst und freust dich über die Lebens- und Spielfreude eures Hundes. Du stehst auf, gibst deinem Partner einen Kuss auf die Stirn und sagst: „Lass uns am Wochenende in die Natur gehen und auch wild und frei sein.“ Du gehst ins Schlafzimmer, nimmst dir irgendeine (halbwegs) passende Hose aus dem Schranken und grinst in dich hinein „Heute ist wohl vorverlegter Casual Friday!“. Fröhlich packst du deine Sachen zusammen, putzt deine Zähne und machst dich bereit, zu gehen. Bevor du gehst, nimmst du deinen Partner noch einmal fest in die Arme und sagst ihm/ihr, wie sehr du ihn/sie liebst und wie glücklich du miti ihm/ ihr bist. Du fährst gemütlich zur Arbeit, mit deiner Lieblingsmusik in der Luft und kommst pünktlich und gut gelaunt zu deinem Meeting an.

Der Unterschied der beiden Situationen ist nicht zu übersehen und vermutlich hast du dich das ein oder andere Mal bereits entweder auf der einen oder anderen Seite wiedergefunden. Unsere Reaktion ist also der absolute Schlüssel für unser Wohlbefinden, unser Glücksgefühl, unsere Zufriedenheit, unseren Erfolg und letztendlich auch für unseren Einfluss auf unsere Umwelt und Mitmenschen.

Gib Negativität keine Macht über dich. Wenn jemand seinen Frust an dir auslässt oder Tratsch über dich verbreitet, lass dich nicht davon beeinflussen. Versuche zu sehen, dass andere nur negativ über andere reden oder Bösesfür andere wollen, weil sie selbst unzufrieden, neidisch oder unglücklich sind. Wähle deine Reaktion bewusst und weise. Eine falsche, impulsive von Ärger angetriebene Reaktion kann fatale Folgen haben: du kannst einen Freund verlieren, deinen Partner verletzten, deine Arbeit verlieren, oder gestresst werden, was sich negativ auf dein allgemeines Wohlbefinden und auch auf deine Gesundheit auswirkt.

„Der Diener der Einheit

Die meisten Männer an der Macht
haben weder die Kraft noch die Weisheit,
Dinge so anzunehmen, wie sie sind
und einfach zufrieden mit ihrer Art und Weise zu sein.

Der Gesunde kennt Zufriedenheit,
denn Schönheit ist sein Liebhaber,
und Schönheit fehlt nie auf dieser Welt.

Je mehr das Licht außer Reichweite gerät,
desto mehr sehnen wir uns nach Veränderung.

Ja, stürze jede innere Regierung,
die dich zum Weinen bringt.
Das Kind gibt dem Äußeren die Schuld und
konzentriert seine Energien darauf;
der Krieger erobert die inneren Reiche und wird belohnt."

St. Teresa of Avila

Nun kennst du das Geheimnis des 90/10-Prinzips. Scheue dich nicht, es direkt anzuwenden und in dein Leben einzubauen und lasse dich von den Ergebnissen überraschen. Erlaube dir, neue Ufer zu entdecken! Du hast nichts zu verlieren. Sollte dieser neue Kurs nicht funktionieren, kannst du jederzeit wieder zu deiner alten Art und Weise mit Dingen umzugehen, zurückkehren. Vergiss nicht, dass du nicht kontrollieren kannst, was dir passiert. Du kannst aber wohl deine Reaktion auf die Ereignisse in deinem Leben steuern. Wenn du Fülle und Reichtum, Glück und Zufriedenheit erleben möchtest, musst du zunächst lernen, zu geben. Denn so wie es in den Wald hinein schreit, so hallt es wieder heraus. All unsere Handlungen, Gedanken und Worte sind ein Bumerang und definieren, was wir empfangen werden, was für Erlebnisse uns widerfahren werden.

Vertrauen

Im Oxford Wörterbuch wird Vertrauen wie folgt definiert: „in jemanden/ etwas sein Vertrauen setzen; auf jemanden/ etwas bauen; sicher sein, dass man sich auf jemanden/ etwas verlassen kann“. Enttäuschungen, Ablehnungen und Verletzungen gehören zur menschlichen Erfahrung wie auch Erfahrungen der Freude, Liebe und des Glücks. Leider haben negative Erfahrungen oft mehr Gewicht und weil wir ihnen mehr Bedeutung einräumen und Raum geben, schwächen wir unser Selbstwertgefühl und finden uns schneller als gedacht in einem Sog aus negativen Gedanken wieder. In dieser Spirale fühlen wir uns dann oft ohne jegliche Hoffnung, angstvoll und sind vollkommen blockiert. Unser Leben ist nicht mehr im Fluss und du rennst gegen eine Wand nach der anderen. Es ist also von äußerst hoher Wichtigkeit, dein Urvertrauen wieder herzustellen, um dich wieder mit deinem Bauchgefühl, deiner Schöpferkraft und deiner Intuition zu verbinden, damit du dein Leben nach deiner Vorstellung erschaffen und gestalten kannst. Sicherlich kennst du auch Momente, in denen dir alles spielend leicht von der Hand geht, dein Leben sich scheinbar mühelos genau so entfaltet, wie du dir es vorgestellt hast - vielleicht sogar noch besser und schöner! Wenn du mit dir selbst verbunden und vollkommen im Vertrauen bist, fühlst du eine emotionale Leichtigkeit, eine mentale Entspanntheit, ein körperliches Wohlbefinden und du hast das „Wissen“, dass alles gut ist und gut wird.

Vertrauen ist für eine positive Grundausrichtung und Lebenseinstellung unersetzlich. Es bildet die Basis für all unsere

Handlungen, Entscheidungen, Taten, Worte und Gefühle. Und das Schöne ist, unser reines Urvertrauen ist angeboren. Wir müssen nichts dafür tun, wir kommen mit ihm auf die Welt. Als Baby stellen wir uns keine selbstzerstörerische Fragen wie ob wir schön genug sind, ob unsere Liebe von dieser Person erwidert wird, ob wir gut genug für dies oder jenes sind, usw. Wir sind einfach da und haben das Urvertrauen, dass wir geliebt und umsorgt werden und hier, so wie wir sind, willkommen sind. Da Babys nichts als das Urvertrauen kennen und noch keine enttäuschenden Erfahrungen gesammelt haben, schwingen sie auf der Frequenz von Liebe, Dankbarkeit, Freude, Leichtigkeit, Verspieltheit, Offenheit und Neugierde. Sie erinnern uns an unsere eigene Unschuld und Reinheit, daher fühlen wir uns oft intuitiv zu Babys hingezogen und haben unbemerkt ein Lächeln auf unseren Lippen und eine gewisse Sanftheit legt sich über uns, wenn wir in Kontakt mit Babys oder Kindern treten.

Ein Teil des Älterwerdens und Heranwachsen zu einem Erwachsenen ist unweigerlich mit Erfahrungen verbunden, die uns zunächst verunsichern und die unser Urvertrauen auf die Probe stellen, weil sie unser bisheriges Weltbild erschüttern und auf den Kopf stellen. Typischerweise tritt dann die Kampf-Oder-Flucht-Reaktion ein oder wir werden wie versteinert und eine emotionale und physische Bewegungslosigkeit setzt ein und breitet sich aus. Alle drei Reaktionen sind ein Ausdruck von Angst und ein unmittelbarer Schutzmechanismus. Wenn wir uns nicht bewusst mit diesen Schutzmechanismen auseinandersetzen und sie wieder auflösen, wir dieser Zustand mit der Zeit zu unserem neuen „Normalzustand" und unsere gesamte Gedankenwelt und Verhaltensweise basiert nun auf Angst und nicht mehr auf

Vertrauen. Daher kann Positives Denken so ein hilfreiches Tool und Werkzeug für uns sein. Je mehr es uns als Erwachsener gelingt, unseren Fokus wieder und wieder auf die positiven Dinge in unserem Leben zu richten, desto mehr nähren wir unser Urvertrauen und unser Selbstwertgefühl. Wir hören bewusst auf unser Bauchgefühl und unsere Intuition und schenken dem Strom an negativen Gedanken nicht übermäßig viel Aufmerksamkeit. Wir ruhen in dem Vertrauen, dass alles, so wie es ist, gut ist und dass sich das Leben immer zu unseren Gunsten entfaltet, niemals gegen uns. Auch wenn es sich in diesem Moment vielleicht ganz und gar nicht so anfühlt. Mit einer positiven Grundeinstellung verlierst du unter keinen Umständen den Glauben an dich selbst, denn du weisst, dass dein Urvertrauen dein Kompass ist.

Wir können das Urvertrauen in drei unterschiedliche Kategorien unterteilen. Diese Unterteilung kann uns dabei helfen, potenzielle Defizite aufzudecken und die Bereiche zu identifizieren, in denen wir vielleicht Schutzmauern aufgebaut haben und unser Vertrauen wieder stärken können.

1. Vertrauen in dich

Das wohl wichtigste Vertrauen ist das Vertrauen in dich selbst. Das Vertrauen, dass du immer eine Lösung finden wirst, ganz egal was für Hindernisse du überwinden musst. Du bist dir selbst und deinen Werten treu und bist immer für dich selbst da, kannst dich voll und ganz auf dich verlassen. Du lässt dich selbst nicht im Stich. Du lebst nach dem Prinzip, das Jesus in der Bibel lehrte „Liebe deinen Nächsten wie dich selbst". Je stärker dein Vertrauen in dich selbst ausgebaut und etabliert ist, desto offener, mitfühlender und liebevoller bist du anderen gegenüber.

Affirmationen, um dein Vertrauen dir selbst gegenüber zu stärken:

- Ich vertraue mir selbst bedingungslos und uneingeschränkt.
- Ich liebe mich selbst genau so, wie ich bin.
- Ich schätze all meine Stärken und Schwächen und erkenne diese an.
- Ich höre auf die Stimme meines Herzens und folge dem Ruf meines Herzens.
- Ich halte das Steuerrad für mein Leben selbst in der Hand und gebe den Kurs vor.
- Ich bin der Schöpfer meines Lebens und wähle meine Reaktionen auf die Ereignisse in meinem Leben bewusst.
- Ich weiß, dass das Leben sich stets zu meinen Gunsten entfaltet und niemals gegen mich ist.
- Ich bin mutig.

2. Vertrauen in andere Menschen

Im Verlauf unseres Lebens formen wir Beziehungen mit unterschiedlichsten Menschen. Aufgrund von persönlichen Präferenzen sind einige Beziehungen inniger, vertrauter und intimer. Unser Vertrauen anderen gegenüber ist stark mit unserem Verbundenheits- und Intimitätsgefühl in der jeweiligen Beziehung verknüpft. Wir bauen intuitiv unterschiedliche Beziehungen mit unterschiedlichen Vertrauensskalen auf. So hast du beispielsweise Vertrauen zu deinen Arbeitskollegen, deinen Freunden, deiner Familie und deinem Partner.

Affirmationen, um dein Vertrauen anderen gegenüber zu stärken:

- Ich vertraue dir.
- Ich liebe dich.
- Ich fühle mich bei dir geborgen.
- Ich fühle mich von dir gesehen und verstanden.
- Ich kann bei dir loslassen.
- Ich fühle mich bei dir willkommen.
- Ich weiss, dass ich mit meinen Sorgen zu dir kommen kann.
- Ich kann mich auf dich verlassen.
- Du unterstützt mich immer bei all meinen Vorhaben.

3. Vertrauen in das Leben

Du nimmst alle Herausforderungen und Schwierigkeiten bedingungslos an da du in dem Vertrauen ruhst, dass alles genau so wie es ist, gut ist. Jedes Ereignis in deinem Leben ist eine Möglichkeit für Wachstum und Entwicklung. Du gibst dich dem Fluss des Lebens voll und ganz hin und genießt jeden einzelnen Augenblick.

Affirmationen, um dein Vertrauen in das Leben zu stärken:

- Ich lebe im Einklang mit der Natur und dem Fluss des Lebens.
- Herausforderungen und Schwierigkeiten lassen mich wachsen.
- ch vertraue, dass sich alles immer zu meinem Besten fügen wird.
- Ich vertraue dem Leben.

- Ich lade mehr Vertrauen und Leichtigkeit in mein Leben ein.
- Eine vertrauensvolle Basis erleichtert mir den Umgang mit meinen Mitmenschen und Herausforderungen.

Sehr wahrscheinlich hast du nun festgestellt, dass du in manchen Bereichen dein Vertrauen aufbauen kannst. Es ist vollkommen normal, dass wir nicht mehr vollkommen mit unserem Urvertrauen verbunden sind, wie wir es als Baby oder Kind waren. Es ist jedoch wichtig darauf zu achten, dass wir nicht nur in der Angst leben. Wenn die Angst die für uns dominierende Emotion ist, leben wir sehr wahrscheinlich in einem selbst erschaffenen Käfig, oder sogar Gefängnis. Wir versuchen verzweifelt, alles unter Kontrolle zu haben und denken, dass wir so weiteren Enttäuschungen und Verletzungen aus dem Weg gehen können. Das genaue Gegenteil ist jedoch der Fall: Je mehr wir uns unserem Kontrollzwang hingeben, desto mehr kreieren wir das Gefühl der Trennung und Konflikte mit unserem Umfeld. Dieser Effekt nagt an unserem sowieso schon angekratzten Selbstwertgefühl und Selbstbewusstsein und verursacht immer mehr Zweifel - an uns selbst und letztendlich auch an unseren Freunden, unserer Familie, unserem Partner und am Leben selbst. Im schlimmsten Fall sind wir auf dem direkten Weg in eine Depression. Erste Anzeichen können das Gefühl der Unsicherheit, begleitet von Panik- und Angstattacken sein. Manchmal endet dieser Strudel mit Suizidgedanken und dem Gefühl, das alles vollkommen sinnlos ist und jegliche Unternehmungen keinen Unterschied machen.

Im Zustand des Misstrauens verpasst du sprichwörtlich das Leben, weil du in ständiger Angst und Kontrolle lebst und den Zugang zu deiner Intuition, deinem Bauchgefühl verloren hast. Wir alle verlieren von Zeit zu Zeit den Zugang zu unserem Urvertrauen. Deswegen ist es so wichtig, die Anzeichen für sich aufbauendes Misstrauen ernst zu nehmen und die entsprechenden Erfahrungen rechtzeitig zu verarbeiten und zu integrieren. Du kannst auch hier das 90/10 Prinzip anwenden: Vertrauen und Misstrauen sind letztendlich ebenfalls Entscheidungen, die wir treffen. Wenn unser Leben von Angst und Misstrauen bestimmt wird, erwarten wir Schmerz. Sind wir mit unserem Urvertrauen verbunden und unser Leben ist erfüllt von Freude, erwarten wir Liebe. Du allein hast in jedem einzelnen Moment die Wahl, welche Richtung du deinem Leben vorgeben möchtest.

Entscheide dich jetzt in diesem Moment wieder für dein Urvertrauen, die Freude und Fülle des Lebens und all seinen schönen und positiven Aspekten. Wir haben dir hier fünf Schritte zusammengestellt, die dich bei diesem Vorhaben unterstützen sollen:

Tipps und Tricks um Vertrauen aufzubauen

1. Realisiere und akzeptiere deine Vertrauenslücken

Wir alle haben Bereiche in unserem Leben, in denen das Misstrauen überwiegt. Der erste Schritt für den Wandel von Misstrauen hin zu Vertrauen ist Licht in diese Bereiche zu bringen. Nutze folgende Fragen, um mehr Klarheit über diese Bereiche in deinem Leben zu erlangen:

- In welchen Bereichen in meinem Leben übe ich ein starkes Maß an Kontrolle aus?
- Gibt es Situationen, in denen mein Körper überwiegend angespannt ist?
- Wann verliere ich mich im Tun-Modus?
- In welchen Bereichen in meinem Leben habe ich das Gefühl, etwas beweisen zu müssen?
- Wann fühle ich mich unsicher?
- Wann verspüre ich am meisten Zweifel?

2. Bewusste Ich-Zeit

Akzeptanz von unseren Erfahrungen und Loslassen sind Schlüsselelemente für positives Denken. Akzeptanz unserer Erlebnisse ist der erste Schritt, um unseren Fokus auf das Positive zu richten. Wir betrachten unser Erlebnis so neutral wie möglich und erkennen unsere Gefühle in Verbindung mit unserem Erlebnis uneingeschränkt an. Es ist wichtig, dass wir uns unsere Erlebnisse auf Bewusstseinsebene anschauen, denn nur so können wir alten Schmerz heilen und loslassen. In diesem Prozess verbinden wir uns scheinbar wie von selbst, ganz natürlich mit unserem inneren Kompass. Während wir das Erlebnis im Licht des Bewusstseins halten, danken wir für die Erfahrung, auch wenn sie schmerzhaft ist. Indem wir uns mit Dankbarkeit verbinden, verbinden wir uns auch wieder mit dem Verständnis, dass das Leben immer zu unseren Gunsten verläuft und niemals gegen uns. Es ist wichtig, dass wir uns dieses Prinzip wieder und wieder ins Bewusstsein rufen, um die Verbindung mit unserem inneren Kompass immer wieder herzustellen und nicht zu verlieren.

Manchmal sind die Ereignisse in unserem Leben so stark, dass wir sie alleine nicht bewältigen können. Es kann in solchen Situationen sehr hilfreich sein, einen Psychotherapeuten oder Hypnotherapeuten deines Vertrauens aufzusuchen, um tiefe Blockaden zu lösen. Mache es dir auch zur Gewohnheit, jeden Tag ein paar Momente in der Natur zu verbringen, wenn möglich sogar barfuß in der Natur zu laufen. Dieser kleine Schritt hilft immens, um ein Gefühl der Erdung und Gelassenheit zu empfinden. Wenn wir uns voll und ganz auf die Natur einlassen können, kommt unser Geist wie von alleine zur Ruhe und wir schöpfen neue Kraft und tanken Energie. Die Natur ist ein wirklich tolles Beispiel für ein Leben in vollkommener Zufriedenheit. Sie strahlt eine beruhigende Ruhe aus, und lässt sich nicht von den äußeren Umständen beeinflussen. Schaffe auch du dir Raum und Zeit, um einfach nur zu sein und einfach nur in dich hinein zu hören und hinein zu fühlen, wie es dir wirklich geht. Was fehlt dir, welche Wünsche hast du? Mache es dir zur Priorität, täglich ein paar bewusste Momente nur mit dir selbst zu verbringen, so wie du es vielleicht sonst nur mit deinem Partner, deinen Freunden oder deiner Familie tust.

3. Behalte deinen Kompass im Auge

Beobachte dich im Alltag und nimm wahr, worauf dein Fokus aktuell liegt. Deine Sprache kann hier ein wertvoller Wegweiser sein. Verwendest du oft Wörter wie „Aber"/„Vielleicht"/„Was wenn..."/„Doch"? Dies sind Anzeichen dafür, dass du nicht ganz im Vertrauen bist. Wenn du beginnst, dich zu beobachten, wirst du vermutlich feststellen, wie oft du „Ja, aber.." sagst, was in sich ein Widerspruch in sich selbst ist. Versuche das Wort „Aber" mit „Und" zu ersetzen, dies hilft dir auf ganz einfache und natürliche Weise, deinen Fokus von einer negativen Erwartungshaltung auf eine positive zu wechseln. Lass uns dies nun an einem Beispiel anschauen:

Aber:

„Ich möchte wirklich mit dem Rauchen aufhören, aber es ist so schwer."

Und:

„Ich möchte wirklich mit dem Rauchen aufhören und ich bin mir bewusst, dass es nicht einfach wird."

In der zweiten Aussage übernimmst du bereits auch verbal Verantwortung für dein Vorhaben und lässt keinen Raum für Ausreden zu. In der ersten Aussagen bist du mehr in einer passiven Opferrolle und hast dich noch nicht voll und ganz für dein Vorhaben entschieden. Deine Worte spiegeln deine innere Zerrissenheit und Unschlüssigkeit wieder. Der Schlüssel zum Erfolg liegt wirklich darin, dass du all deine Aufmerksamkeit auf dein Vorhaben richtest, damit deine Energie entsprechend gelenkt werden kann. Wenn du also deine Vorhaben auf subtilste Weise negierst, sendest du unterbewusst das Signal aus, dass du nicht wirklich an dessen Gelingen glaubst. Und genau diese Antwort und Erfahrung wirst du dann auch vom Leben erhalten. Vergiss diese einfache Faustregel, „worauf du deinen Fokus richtest, gibt die Richtung für den Fluss deiner Energie vor", nicht! Es ist tatsächlich so einfach und du hast die Wahl und Macht, die Richtung für dein Leben vorzugeben. Entscheide dich in jedem Moment wieder und wieder, deinen Fokus auf die positiven Aspekte des Lebens zu richten und somit Freude, Liebe, Leichtigkeit, Fülle, Dankbarkeit,

Zufriedenheit, Gelassenheit, Schönheit und Harmonie in deinem Leben willkommen zu heißen.

4. Entscheide dich bewusst

Dies ist ein super simpler Trick: Wähle bewusst Vertrauen anstelle von Misstrauen. Erlaube der Negativität einfach keinen Raum. Auch wenn deine aktuelle Erfahrung gerade schmerzt und du zweifelst, kannst du dich in jedem Moment für Vertrauen entscheiden und die Liebe in dein Leben einladen. Erinnere dich an diesen simplen Satz „Auch diese Erfahrung geht irgendwann vorbei. Nichts hält für ewig."

5. Öffne dein Herz

Sei wie Alice im Wunderland und öffne deinen Geist und dein Herz für alles Unmögliche und lass dich überraschen. Öffne dich für die Möglichkeit von Wunder und Magie, und du wirst schon bald sehen, wie wundervoll das Leben ist und dass es dich stets überraschen wird.

Wenn du möchtest, schreibe dir die folgende Affirmation auf einen Notizzettel und schaue ihn dir jeden Morgen direkt nach dem Aufstehen an, oder setze dir einen Reminder auf deinem Handy, in dem diese Notiz aufpoppt:

„Ich akzeptiere meine Realität und was ist,
auch wenn dieser Moment schmerzhaft ist und mich zweifeln lässt.
Ich weiss, dass meine Tränen wichtige Geschenke sind.
Schwierige und traurige Momente
haben mitunter zu meinem größten Wachstum beigetragen.
Selbst die Bibel hat eine ganz einfache, aber kraftvolle Botschaft:
„Jesus weinte."
Meine Aufgabe ist es,
schmerzhaften Emotionen nicht aus dem Weg zu gehen,

sondern ihnen zu ihren Wurzeln zu folgen.
Die Wurzel aller Emotionen ist Liebe.
Und ich kann nicht zu dieser Wurzel zurück finden,
wenn ich mir meine Emotionen nicht im Licht des Bewusstsein ansehe
und mich für ihre Botschaft öffne.
Um meine Traurigkeit und meinen Schmerz zu überwinden,
muss ich sie zunächst voll und ganz fühlen und erleben.
Ich entscheide mich hier und jetzt,
all meine Emotionen voll und ganz zu empfangen.
Ich bin bereit.
Heute erlaube ich mir, wirklich zu fühlen,
was in meinem Herzen präsent ist,
möge es Glück oder Traurigkeit sein.
Ich lege allen Widerstand nieder, bezeuge und akzeptiere
alle Emotionen bedingungslos.
In diesem Zustand der Hingabe lasse ich meine Emotionen los,
und erlaube den natürlichen Prozess der Alchemisierung,
sodass meine Emotionen zur Brücke für
Liebe,
Harmonie,
Fülle,
Leichtigkeit,
Dankbarkeit,
Freude
und Frieden
werden.“

Selbstwertgefühl

Unser heutiges Leben ist geprägt von allen möglichen Statussymbolen - unser Partner, Haus oder Wohnung, Miete oder Eigentum, Auto, Job, Beförderung, Frisur, Klamotten, Kinder, Investments in Bitcoin, Likes und Views in den Sozialen Medien, Urlaubsziele, Kurztrips, usw. Die Liste ist endlos. Unser Leben dreht sich so viel darum, wie wir uns im Außen präsentieren und wie wir von anderen wahrgenommen werden. Und genau auf diese Faktoren stützen wir unser Selbstwertgefühl. Nun ist der Haken bei der Sache, dass unser Selbstwertgefühl ganz schön zerbrechlich ist, wenn es in so starker Abhängigkeit mit den Vorstellungen der Außenwelt steht und unmittelbar an die Anerkennung durch andere geknüpft ist.

Eine der größten Hindernisse auf dem Weg zu einem glücklichen und erfüllten Leben ist wohl die uneingeschränkte Akzeptanz unserer Selbst. Dies ist ein sehr großer Schritt, der sehr beängstigend sein kann. Wenn wir ohne unsere Masken zurückgewiesen werden, werden wir wirklich wegen unserer selbst zurückgewiesen und wir können keine andere Maske überstülpen, und das „Malheur“ überspielen, um wieder dazu zu gehören. Und wer sind wir eigentlich ohne all die Masken, die wir uns über die Jahre angeeignet haben, um dazu zu gehören? Wer möchtest du eigentlich wirklich sein, wenn du einfach nur du bist? Kennst du das unglaublich gute Gefühl, wenn du von jemandem akzeptiert und angenommen wirst, so wie du bist? Wir sagen sogar manchmal „Bei dir muss ich mich nicht verstellen.“ Was hält dich davon ab, dein Leben in jedem Moment so zu leben? In deinem

Leben wird sich so unglaublich viel verändern, wenn du dir erlaubst, dich von all diesen Vorstellungen zu lösen und Schritt für Schritt beginnst, dich so anzunehmen, wie du wirklich bist. Es ist eines der größten Geschenke und einer der größten Schritte, den du gehen kannst, um negative Gedanken, Selbstzweifel, Ängste und Blockaden ein für alle Mal hinter dir zu lassen. Mit jedem Schritt, mit dem du einen weiteren Layer, eine weitere Maske ablegst, kommst du deinem wahren Ich, und somit deinem inneren Wert, einen Schritt näher. Erlaube dir, dir selbst all die Anerkennung, die du dir so sehr wünschst, für all deine Errungenschaften zu geben. Feiere dich selbst! Wenn du diese innere Quelle anzapftst, wird sich dies unweigerlich auch in deiner Außenwelt wiederspiegeln. Du wirst Wertschätzung im Außen erfahren, jedoch „brauchst" du diese Wertschätzung durch andere nicht mehr, um dich gut in deiner Haut zu fühlen. Die Wertschätzung von Außen wird mehr zum Zuckerguss auf der Torte, das kleine Tüpfelchen auf dem „i".

Wir alle haben im Laufe unseres Lebens Erfahrungen gemacht, die uns verunsichert haben. In Folge dieser Erfahrungen haben wir angefangen, an uns selbst zu zweifeln und unseren Selbstwert in Frage zu stellen. Wir haben Schlussfolgerungen wie wir seien nicht liebenswert, nicht gut genug, nicht schön genug, nicht clever genug, usw. gezogen. Um diese schmerzhafte Erfahrung der Zurückweisung nicht nochmals durchleben zu müssen, beginnen wir, uns an unser Umfeld anzupassen und beginnen, unterschiedliche Masken zu entwickeln. Wir haben eine bestimmte Maske, wenn wir mit unseren Eltern zusammen sind, eine andere wenn wir mit Freund A und Freund B zusammen sind, in unserem Job eine weitere, usw. Wir sind exzellent darin, unsere Umwelt zu beobachten und entsprechende Masken zu entwickeln, um dazu zu gehören. Wir sind so gut darin, dass wir gar nicht bemerken, wie sich durch all diese unterschiedlichen Rollen schleichend neue Gedankens- und Verhaltensmuster etablieren, die wir dann schnell als Realität und Identität annehmen. Und so haben wir die perfekte Basis für unser Abhängigkeitsverhältnis geschaffen. Die gute Nachricht ist, du kannst jederzeit aus diesem Verhältnis aussteigen und eine neue Beziehung mit deiner Umwelt aufbauen. Und dazu benötigt es tatsächlich nur einen winzigen Schritt: die Erkenntnis, dass dein Selbstwert niemals an etwas, das im Außen existiert, gemessen werden kann. Warum? Die Natur und der Ursprung deines Selbstwertes ist in dir, und es gibt keinen anderen wie dich. Und dies ist die Schönheit deiner Person. Deine ganz individuelle DNA, deine ganz individuelle Art und Weise dich auszudrücken, mit anderen Menschen zu agieren, deine einzigartige Kombination aus Fähigkeiten und Erlebnissen. Wir Menschen sind wie Bäume oder Blumen - wir mögen alle ein und derselben Spezies entstammen, und doch sind wir alle einzigartig und komplett unterschiedlich. Wenn wir Bäume oder Blumen sehen, sehen wir oftmals nur die Schönheit, die sie Ausstrahlen. Die Unterschiede fallen uns womöglich überhaupt nicht auf. Oft, wenn wir jedoch Menschen betrachten, liegt der Fokus auf den Unterschieden und wir schaffen direkt unbewusst das Gefühl der Trennung. Da dieser Mechanismus unbewusst in uns abläuft, setzen wir ihn als „Norm" voraus und gehen davon aus, dass auch wir der ständigen Bewertung von anderen unterliegen. Freiheit bedeutet also, dass du dich an deine Einzigartigkeit und die Einzigartigkeit aller Menschen und aller Lebensformen erinnerst und diese als Schönheit anerkennst und feierst. Dies ist ein enormer Perspektivenwechsel, der dir natürlich eine positive Ausrichtung ermöglicht und Negativität hinter dir lässt. Je mehr du deine Einzigartigkeit als Geschenk und Kraft anerkennst, umso mehr öffnest du dich für das Leben und du synchronisierst dich mit dem Fluss und der Magie des Lebens. Dieser Schritt bringt dir so unendlich viel Freiheit, weil du nicht nur dich selbst von all den Erwartungen anderer löst, du gibst auch anderen die Freiheit, so zu sein, wie sie sind und lässt jegliche Erwartungen los.

Du fragst dich nun, wie du in deine Kraft treten kannst und Selbstzweifel ein für alle Mal hinter dir lassen kannst? Wir haben dir hier ein paar einfache Schritte zusammengestellt, um deinen Selbstwert von innen zu stärken:

1. Perspektivenwechsel!

Erlaube dir, deinen Blick von Außen nach Innen zu richten. Erkenne, dass die wahre Quelle deines Selbstwertes nur in dir selbst liegt und unzerstörbar von externen Faktoren ist. Alles, was dir von Außen genommen werden kann, kann keine wahre Stärke oder Eigenschaft von dir sein sondern ist vielmehr eine Maske, die du dir über die Jahre angeeignet hast. Traue dich, dein wahres Ich zu treffen und dieses Ich der Außenwelt zu zeigen. Du bist wundervoll und liebenswert, genau so, wie du bist!

„Verändere dein Selbstbild und du veränderst dein Leben!"

2. Schluss mit dem Versteckspiel

Erkenne dich in deiner Vollständigkeit an - sprich nimm alle Macken und alle liebenswerten Eigenschaften bewusst wahr. Sei ganz ehrlich und schau dir alles an, was dich ausmacht: all das, was du an dir magst, und all das, was du an dir nicht so sehr magst. Folgende Übung kann dir dabei helfen:

Sonnenseite, der Anteil, der von anderen gemocht und geliebt wird und uns so vermeintlich das Gefühl der Zugehörigkeit gibt. Wie präsentierst du dich gerne nach Außen? Beispielsweise „Man kann sich auf mich verlassen.“, „Ich bin hilfsbereit.“, „Ich bin easy going.“, „Ich bin ein Komiker.“, „Es fällt mir leicht, mich anzupassen.“ Erlaube dir, die Schönheit deiner Sonnenseite voll und ganz zu spüren. Und erkenne bewusst an, dass diese einzigartige Kombination aus Eigenschaften dich besonders macht.

Schattenseite, der Anteil, den wir gerne unter den Teppich kehren und verstecken möchten. Wir wissen, dass dieser Anteil in uns negatives Feedback, Ablehnung und Trennung bringt. Welche Anteile zeigst du nicht so gerne im Außen? Beispielsweise „Ich bin immer recht laut.“, „Ich bin tollpatschig.“, „Ich falle durch meine Andersartigkeit auf.“, „Ich bin so faul.“, „Ich darf meinen Ärger nicht zeigen.“, „Es ist nicht richtig, wütend zu sein.“ Erlaube dir, den Schmerz und die Verletzungen, die mit der Schattenseite einher kommen, voll und ganz zu spüren. Erkenne sie bewusst als Anteile an, die dich einzigartig machen.

Es ist unglaublich wichtig, beide Anteile in uns voll und ganz anzuerkennen, letztendlich sind sie zwei Seiten von einer Münze. Wenn wir die ganze Zeit nur damit beschäftigt sind, eine Seite zu polieren und die andere Seite zu verbergen, bewegen wir uns in Disharmonie und verlieren wertvolle Energie. Und diese Energie fehlt uns dann dabei, unseren Fokus wieder und wieder auf das Positive in unserem Leben auszurichten. Und je mehr wir eine Seite in uns bekämpfen, desto mehr wird diese Seite dafür kämpfen, gesehen zu werden. Es ist also am besten, erst gar keinen Kampf aufzunehmen und den Fokus besser auf Dankbarkeit und Akzeptanz zu lenken.

„Die Natur von Vollkommenheit ist Polarität!"

3. Vergebung

Schließe Frieden mit dir selbst. Befreie dich von all den zermürbenden Selbstvorwürfen. Vergib dir, dass du nach Anerkennung von anderen gestrebt hast und dich daher verbogen hast. Vergib dir, dass du deine Schattenanteile nicht liebevoll anerkennen wolltest. Vergib dir für all die „falschen" Entscheidungen, die du getroffen hast. Vergib dir, dass du dachtest, du müsstest dich ändern, um liebenswert zu sein und akzeptiert zu werden.

„Schenke dir jetzt selbst die Liebe, auf die du schon so lange wartest."

Glaubenssätze

„Achte auf Deine Gedanken,
denn sie werden zu Gefühlen.

Achte auf Deine Gefühle,
*denn sie werden zu Worten.**

Achte auf Deine Worte,
denn sie werden zu Handlungen.

Achte auf Deine Handlungen,
denn sie werden zu Gewohnheiten.

Achte auf Deine Gewohnheiten,
denn sie werden Dein Charakter.

Achte auf Deinen Charakter,
denn er wird Dein Schicksal."

Unbekannter Verfasser

In diesem Kapitel wollen wir uns nun die Macht des Verstandes etwas näher ansehen. Wir können den menschlichen Verstand mit einem Hund vergleichen. Der Hund läuft vor uns und führt uns zurück nach Hause. Wenn wir zu Hause angekommen sind, betreten wir das Haus und der Hund bleibt im Garten. Ähnlich können wir die Rolle des menschlichen Verstandes sehen. Die zentrale Frage ist, wie können wir den Verstand zu unseren Gunsten einsetzen und nicht von ihm benutzt werden, sodass wir willenlosen Marionetten gleichen? Wenn wir mit unserem Herzen, mit unserer Intuition und unserem Bauchgefühl verbunden sind, wird der Verstand ein nützliches Werkzeug, das uns dabei hilft, unsere Visionen Realität werden zu lassen. Wir können die Natur unseres Verstandes grob in drei Kategorien unterteilen:

1. Gedanken
2. Überzeugungen/ Glaubenssätze
3. Glaube/ Hoffnung

Gedanken sind nur Gedanken, sie kommen und gehen. Oftmals sind sie von bestimmten Gefühlen und Emotionen begleitet. Wenn wir jedoch ein gewisses Interesse an manchen Gedanken zeigen und sie wieder und wieder in unser Bewusstsein einladen, verankern sie sich dort. Und so entwickeln sich einfache Gedanken zu Überzeugungen oder Glaubenssätzen. Diese Überzeugungen und Glaubenssätze formen dann den Rahmen und die Struktur, wie wir mit unserer Umwelt agieren. Es ist unser ganz persönliches und individuelles Wertesystem. Oftmals entwickelt sich eine tiefe und starke Identifizierung mit unseren Überzeugungen und Glaubenssätzen und wir kämpfen und verteidigen diese rigoros. Über unseren Überzeugungen und Glaubenssätzen ist der reine Glaube/ Hoffnung. Dieser Glaube oder auch diese Hoffnung kann nicht wirklich in Worte gefasst werden. Es ist vielmehr eine Ahnung, eine Intuition. Manchmal ist diese Intuition mit einer direkten Erfahrung verbunden, der sogenannte „Geistesblitz". Oftmals sind mit dem Glauben auch gewisse Emotionen und Gefühle verbunden. Diese Gefühle sind jedoch immer von leichter, befreiender, harmonischer, liebevoller, freudiger und öffnender Natur. Diese Intuition kann sich sehr real und echt anfühlen, kann jedoch mit dem normalen Verstand nicht auf rationaler Ebene erklärt oder belegt werden. Es ist vielmehr, dass unser Innerstes berührt wurde und diese Erkenntnis bedarf keiner Bestätigung. Es ist eine intime und sehr persönliche Erfahrung. Oftmals entspringt diese Erfahrung zunächst einer Idee, einer Ahnung oder einem philosophischen Gedanken.

Der Ursprung unseres Weltbildes liegt also einzig und allein in einem Gedanken. Und wenn dieser sich verfestigt, entwickelt er sich zu unserer Überzeugung, unserem Glaubenssatz. Wenn wir intuitiv an gewisse Grenzen unserer Glaubenssätze stoßen, öffnen wir uns einer anderen Dimension: der Dimension des reinen Glaubens, der Hoffnung. Ein Glaubenssatz oder eine Überzeugung ist natürlich viel mächtiger als nur ein Gedanke. Glaubenssätze und Überzeugungen können hilfreiche Werkzeuge sein, aber sie können uns auch einschränken. Wir neigen zur blinden Identifizierung mit unseren Überzeugungen. Nehmen diese als Grundlage für endlose Debatten und Argumente. Und dies ist die Limitierung von Glaubenssätzen. Es ist wichtig zu verstehen, dass ein Glaubenssatz die Realität nur mit einem Bild über die Realität widerspiegelt. Wir haben unseren persönlichen Realitätsfilter erschaffen, der uns ultimativ davon abhält, mit der Wirklichkeit in Kontakt zu treten. Wie du siehst, spielen Glaubenssätze eine wichtige Rolle in unserem Leben und daher schauen wir uns die Natur von Glaubenssätzen nun ein wenig genauer an.

Glaubenssätze sind innere Überzeugungen, also Gedanken und Geschichten, die wir uns über uns selbst und das Leben erzählen. Meistens differenzieren wir unsere Glaubenssätze nicht von der Wirklichkeit, da sie unsere Welt formen. Das kommt daher, dass wir uns tatsächlich überwiegend nicht einmal bewusst sind, dass wir diesen Realitätsfilter in Form von unseren Glaubenssätzen aufgesetzt haben. Sie sind so tief in uns und unserem

Unterbewusstsein verankert, dass wir sie einfach als Teil von uns anerkennen. Häufig sind diese inneren Überzeugungen von unserem Umfeld geprägt: unserer Familie, unserer Erziehung, unserer Gesellschaft, unseren Freunden, usw. Innere Überzeugungen wie „Ich werde geliebt", „Ich gehöre zu dieser Gruppe dazu" oder „Ich bin auf mich alleine gestellt", „Ich bin wertlos" sind ein fester Bestandteil unserer Denk- und Verhaltensmuster und laufen wie automatische Programme ab. Und so bestimmen sie weitestgehend, wie wir denken, fühlen, entscheiden und handeln. Sie erschaffen unsere Realität und bestimmen, mit welcher Energie wir das Leben angehen. Es ist also von elementarer Wichtigkeit, unsere guten und negativen Glaubenssätze aufzudecken, um das Steuerrad für unser Leben übernehmen zu können. Ein weit verbreiteter negativer Glaubenssatz ist, dass wir nicht gut genug sind. Wenn du dein Leben aktiv gestalten möchtest, musst du es wagen, dir deine im Unterbewusstsein wirkenden dysfunktionalen Überzeugungen anzuschauen. Da du der Herrscher über deine Gedanken bist, kannst du negative Überzeugungen nachhaltig transformieren und kraftvolle neue Glaubenssätze etablieren. Sei der Wandel in deiner inneren Welt, den du in der Welt sehen möchtest.

„Unsere größte Angst ist nicht, unzulänglich zu sein.
Unsere größte Angst ist, grenzenlos mächtig zu sein.

Unser Licht,
nicht unsere Dunkelheit,
ängstigt uns am meisten.

Wir fragen uns: Wer bin ich denn,
dass ich so brillant sein soll?
Aber wer bist du, es nicht zu sein?

Du bist ein Kind Gottes.
Es dient der Welt nicht, wenn du dich klein machst.
Sich klein zu machen, nur damit sich andere um dich herum nicht unsicher fühlen,
hat nichts Erleuchtetes.

Wir wurden geboren, um die Herrlichkeit Gottes,
der in uns ist, zu manifestieren.
Er ist nicht nur in einigen von uns,
er ist in jedem einzelnen.
Und wenn wir unser Licht scheinen lassen,
geben wir damit unbewusst anderen die Erlaubnis,
es auch zu tun.
Wenn wir von unserer eigenen Angst befreit sind,
befreit unsere Gegenwart automatisch die anderen."
- Ein Kurs im Wundern, Marianne Williamson

Wir haben dir hier nun vier einfache Tipps und Tricks zusammengestellt, damit du direkt beginnen kannst, negative Glaubenssätze zu transformieren und positive Glaubenssätze zu stärken:

1. **Journaling: Bringe Licht in deine inneren Glaubenssätze**

Ein Mensch hat durchschnittlich zwischen 60.000 und 80.000 Gedanken am Tag. Journaling hilft dir dabei, wiederkehrende Gedanken zu identifizieren und so Insights über deine Innenwelt zu erhalten. Wenn du Veränderungen in deinem Leben anstrebst, ist es wichtig, zunächst eine Bestandsaufnahme zu machen. Sprich Schritt eins ist Klarheit über deine Gedanken und Gefühle. Ein weiterer wichtiger Schritt ist, deiner Vision eine schriftliche Form zu geben. Schreib deine Vision so detailliert wie möglich auf, dies hilft dir dabei, in deine Schöpferkraft und Kreativität zu treten.

Außerdem ist dein Fokus dann auf ganz natürliche Weise auf Positives gerichtet, und du kannst dich so mehr mit deiner Intuition und deinem Bauchgefühl und so mit dem Fluss des Lebens verbinden.

2. Affirmationen - Bewusste Programmierung deines Unterbewusstseins

Du kannst deine Vision mit neuen und positiven Gedanken unterstützen. Affirmationen sind ein hilfreiches Werkzeug, um deinem Unterbewusstsein eine Dosis Positivität anzubieten und so deine Vision zu verankern. Dein Unterbewusstsein wird mit Gefühlen von Fülle, Glück, Liebe, Freude, Erfolg, Harmonie und Leichtigkeit überflutet. Dein ganzes System wird also mit dieser Energie aufgeladen. Und da du diese Schwingung dann in dir trägst, antwortet das Leben mit derselben Schwingung und unterstützt dich ganz natürlich bei der Realisierung deiner Vision. Da Körper und Geist eng miteinander verbunden sind, kannst du deinen Affirmationen noch mehr Kraft verleihen, indem du sie täglich laut vor dich her sprichst. Fühle die Worte mit jeder Faser deines Körpers, so, als ob sie bereits vollkommen Realität sind.

Beispiele für kraftvolle Affirmationen:

- Ich entscheide mich für Liebe.
- Ich trage alle Antworten und Möglichkeiten bereits in mir.
- Ich bin voller Vertrauen.
- Ich habe jederzeit Zugriff auf positive Energie.
- Ich glaube an mich selbst.

3. Intention - Gedankenkompass

Der Großteil unserer Handlungen läuft im Unterbewusstsein ab. Um dennoch das Steuerrad in den Händen zu halten, kannst du mit Hilfe von Intentionen den Kurs für deine Gedanken und somit für dein Leben vorgeben. Intentionen sind wundervolle Hilfsmittel, um deine Energie auf die Umsetzung deiner Wünsche und Ziele zu fokussieren. Emotional aufgeladen können Intentionen ihre Magie am besten entfalten.

Beispiele für unterstützende Intentionen:

- Ich freue mich auf diesen Tag und all die Erlebnisse, die er mit sich bringt.
- Ich richte meine Aufmerksamkeit auf Lösungsansätze.
- Ich bleibe mir selbst treu.
- Ich kenne meine Grenzen und scheue mich nicht, diese zu setzen.
- Ich wähle Liebe und lass Angst los.

4. Meditation – Deine Gedanken definieren dich nicht

Meditation ist ein wundervolles Mittel, um den Stop-Button für dein automatisch ablaufendes Programm zu drücken. Meditation ermöglicht dir, aus dem Film deines Lebens heraus zu treten und in die Rolle des Beobachters zu schlüpfen. Aus dieser Perspektive kannst du deine Gedanken und Gefühle dann bewusst wahrnehmen und in Kontakt mit deiner Innenwelt treten. Du erkennst ganz natürlich, dass deine Gedanken dich nicht definieren, da sie sich stets verändern und du der Beobachter von ihnen bist. Je mehr du in der Rolle des Beobachters verweilen kannst, desto mehr trittst du wieder in

Kontakt mit dir selbst, deiner Intuition, deiner Schöpferkraft und kannst so den Fluss deiner Gedanken auf das Positive richten.

Das Gesetz der Anziehung

Das Gesetz der Anziehung oder auch das hermetische oder feinstoffliche Gesetz erfreut sich immer größerer Bekanntheit und bildet das Gegenstück zu etablierten physikalischen Gesetzen wie bspw. der Schwerkraft. Die Grundidee dieses universellen Gesetzes findet sich auch in den Schriften der Bibel oder der Veden wieder und die wohl modernste Übersetzung findet sich in der Quantenphysik. Das Prinzip dieser Modelle basiert darauf, dass einfache Zusammenhänge des eigenen Lebens und auch mit anderen Personen gesehen werden können. Dieses Verständnis hilft dabei, unsere eigenen Rollen und Verstrickungen besser zu erkennen und somit Dinge bewusst loszulassen und unserem Leben die gewünschte Richtung vorzugeben. So finden wir zurück zu Harmonie und leben im Einklang mit dem Universum, der Natur und uns Selbst. Eine wichtige Unterstellung ist hierbei, dass die Natur von allen Dingen, Gedanken, Körpern, Pflanzen, Dingen und allem Manifesten, Energie ist. Die Zusammensetzung der Energiepartikel ist unterschiedlich und variiert in ihrer Dichte, daher bilden sich verschiedene Formen, die wir mit unseren Augen wahrnehmen. Da jedoch alles Energie ist, ist auch alles unweigerlich miteinander verbunden und jeder Gedanke, jede Tat und jede Aktion bleibt nicht ohne direkten Effekt. Die Gesetze des Universums finden, wie physikalische Gesetze, in jedem Augenblick Anwendung. Egal, ob wir uns dessen bewusst sind oder nicht. Wenn wir nicht in Harmonie mit diesen universellen Gesetzen leben, haben wir eine intuitive Ahnung, dass sich etwas in unserem Leben in Disharmonie befindet. Das Verständnis über die hermetischen Gesetze kann also helfen, Erklärungen für Dinge zu finden, denen wir uns zuvor vielleicht machtlos ausgeliefert gefühlt haben. Auch können wir die unterschiedlichen Prinzipien dieser sieben Gesetze anwenden, um unser Leben wieder in Einklang zu bringen. Diese einfache Ausrichtung hilft auch dabei, uns mehr mit unserem Vertrauen und dem Fluss des Lebens zu verbinden.

„Meine Forschungen haben ergeben,
dass hinter all der Welt,
mit der wir uns befassen,
ein großer Orchesterdirigent sein muss,
der alles lenkt und der unser Gutes will."

Albert Einstein

Lass uns nun die sieben hermetischen Gesetze etwas genauer ansehen:

1. Das Gesetz der Geistigkeit/ Mentalität/ Schöpfung

Alles, was dich umgibt, ist Energie oder Bewusstsein. Jede Wahrnehmung entsteht durch einen Gedanken oder im Bewusstsein, also feinstofflicher Energie, und nimmt dann Form an und wird zu grobstofflicher Energie. Gedanken, oder unser Bewusstsein, formen also sprichwörtlich unsere Welt. Das erste Gesetz enthält das Geheimnis und den Schlüssel zu wahrer Transformation und Veränderung: deine Außenwelt verändert sich, wenn du deine Innenwelt auf Bewusstseinsebene veränderst. Wenn du nur deine äußeren Umstände änderst, deine inneren Umstände aber dieselben bleiben, wirst du auch immer wieder mit denselben Schwierigkeiten konfrontiert werden.

Alles in unserem Universum ist Energie und wird durch diese Energie verbunden und zusammengehalten.

„Sei der Wandel, den du in der Welt sehen möchtest."

Mahatma Gandhi

2. Das Gesetz der Entsprechung/ Analogie

Was du gibst, ist was du bekommst. In dem Moment, in dem du einem anderen Menschen hilfst, aufrichtig liebst oder unterstützt, in dem Moment erfährst auch du selbst Hilfe, Liebe und Unterstützung. Das zweite Gesetz besagt, dass Gleiches Gleiches anzieht. Ein Beispiel: Dein Weg zur Arbeit ist Tag ein, Tag aus derselbe. An manchen Tagen bist du in deiner Mitte und präsent und nimmst die Schönheit der Bäume und Blumen auf deinem Weg zur Arbeit wahr. An einem anderen Tag bist du verärgert, traurig und wütend. Sehr wahrscheinlich wirst du an diesem Tag die Blumen und Bäume usw. nicht wirklich wahrnehmen, sondern vielleicht eher den Müll, der unachtsam am Straßenrand liegt, die abblätternde Farbe an der Hauswand, usw. Was hat sich verändert? Dein Weg zur Arbeit ist stets derselbe, doch deine Innenwelt ist in stetiger Veränderung. Dein inneres Befinden spiegelt sich in deiner Wahrnehmung wieder.

Wie außen, so innen.
Wie oben, so unten.

3. Das Gesetz der Schwingung

Die Energie, die unser Universum bildet ist in ständiger Bewegung und Veränderung. Unterschiedliche Ausdrucksformen der Energie bewegen sich auf unterschiedlichen Frequenzen. Negative Gefühle haben eine niedrige Frequenz und fühlen sich daher oft schwer und erdrückend an. Positive Gefühle habe eine hohe Frequenz und fühlen sich daher oft leicht und befreiend an. Die Mehrheit der Menschen handelt aus dem Bereich des Mangels und ist sich dessen gar nicht wirklich bewusst.

Bsp.: Ich möchte mehr Geld haben. Ich möchte 3 kg abnehmen.

Auch wenn diese Aussagen vermeintlich positiv formuliert sind, implizieren sie einen Mangel.

So kannst du diese Aussagen zu Aussagen der Fülle umwandeln:

Ich bin dankbar für all den Reichtum in meinem Leben. Mit Leichtigkeit kann ich 3 kg abnehmen.

Dieses Gesetz ist eine konstante Einladung, wieder und wieder loszulassen und an nichts festzuhalten, denn nichts ist ewig. Wenn wir an etwas festhalten, sind wir wieder auf der Frequenz des Mangels und müssen enorm viel Energie aufwenden, um gegen den Fluss des Lebens anzukämpfen. Infolgedessen fühlen wir uns ausgelaugt, erschöpft und müde.

Energie ist in ständiger Bewegung und Veränderung.

4. Das Gesetz der Polarität

Das Universum besteht aus zwei Polen, die als zwei unterschiedliche Ausprägungen, zwei Seiten einer Münze, betrachtet werden. Oft wird Polarität mit Gegensätzlichkeit als etwas Negatives verwechselt. Das Gesetz der Polarität besagt, dass es immer einen Gegensatz zu einer Sache gibt, und nur so kann die Vollkommenheit abgebildet werden: Tag und Nacht, warm und kalt, gesund und krank, reich und arm, groß und klein, oben und unten, vorne und hinten, schwarz und weiss, männlich und weiblich, süß und sauer, Hass und Liebe, Wut und Freude, Zuneigung und Abneigung, usw. Wenn wir dieses Gesetz wirklich verstehen, können wir unsere Perspektive wechseln und uns trotz Krankheit, Armut, Hass, Wut oder Abneigung auf höhere Schwingungen begeben, da es zu all diesen „negativen" Erfahrungen gleichzeitig ein positives Gegenstück gibt, das bereits in unserem Leben präsent ist.

Die Natur unseres Universums beruht auf Gegensätzlichkeit mit zwei Polen.

5. Das Gesetz des Rhythmus

Die Natur des Universums und allen Lebens ist zyklisch: Tag und Nacht, Sommer und Winter, Herbst und Frühling, Ebbe und Flut, Geburt und Tod, Einatmen und Ausatmen. Das fünfte Gesetz vereint die beiden vorangegangenen Gesetze der Polarität und Schwingung: Alle Formen der Energie bewegen sich zyklisch zwischen zwei Gegensätzen und sind untrennbar. Auch dieses Gesetz ist eine Einladung, loszulassen und sich dem Fluss des Lebens hinzugeben. Nach jedem Tief folgt ein Hoch und umgekehrt. Wenn wir diese Wahrheit und Natur der Dinge anerkennen und jeglichen Kampf gegen den Fluss des Lebens aufgeben, bewegen wir uns in tiefer Harmonie mit dem Universum.

Das Universum hat seinen eigenen Rhythmus.

6. Das Gesetz von Ursache & Wirkung/ Kausalität

Ursache und Wirkung sind untrennbar. Jeder Wirkung geht eine Ursache voraus. Und jede Ursache erzeugt eine Wirkung. Wir ernten, was wir säen. Entscheide also bewusst, welche

Samen du in deinem Leben aussäen möchtest. Du bist sprichwörtlich der Schöpfer deines Lebens. Jedem Zustand der Unzufriedenheit, des Unglücklichseins, des Traurigseins, des Enttäuschtseins, geht eine Ursache voraus, die du zurück verfolgen kannst.

Ursache und Wirkung sind ein untrennbares Zwillingspaar.

7. Das Gesetz des Geschlechts

Geschlecht bezieht sich in diesem Gesetz nicht auf die Sexualität oder das physische Geschlecht. Vielmehr repräsentiert das männliche und weibliche Prinzip archetypische Eigenschaften der Geschlechter. Manchmal wird dieses Prinzip auch Yin und Yang genannt. Beide Geschlechter sind gleichrangig und in Männern wie auch Frauen vertreten. Sprich es ist nicht zu verwechseln, dass Frauen ausschließlich weibliche Energie in sich tragen und Männer ausschließlich männliche Energie. In Fakt tragen Männer und Frauen beide weibliche und männliche Energien in sich. Die weibliche Energie steht beispielsweise für Empfänglichkeit, Kreativität, Intuition, Vertrauen, Sensualität, Flexibilität, Verspieltheit, Fülle. Die männliche Energie steht beispielsweise für zielorientiertes Handeln und Denken, Fokus, Kontrolle, ein klarer Verstand, lebendige Leere, Weite. Um ein Leben in Balance und im Einklang mit dem Universum zu führen, muss eine Harmonie zwischen den Geschlechtern herrschen.

Das männliche und weibliche Prinzip ist ein intrinsischer Bestandteil jeglicher Form.

Die Wirkung der universellen Gesetze ist auch in der Wissenschaft zu finden. In der Medizin wird von dem Placebo-Effekt gesprochen. Zahlreiche Studien belegen, dass kranke

Menschen mit Placebo-Medikamenten Heilung erfahren haben. Dies ist ein kraftvoller Beweis, dass unsere Innenwelt unsere Außenwelt erschafft. Allein der aufrichtige Glaube, dass das verabreichte Medikament Heilung bringt, reicht für eine Genesung aus. Der Patient war in der Annahme, dass er sich durch das Medikament besser und besser gefühlt hat, dabei hat er durch seinen Glauben seine intrinsischen Heilkräfte aktiviert und ist von ganz alleine gesund geworden.

Die sieben hermetischen Gesetze bilden eine Landkarte, mit der du die Richtung deines Lebens definieren kannst. Die goldene Regel liegt in der positiven Ausrichtung deines Innenlebens, da dies alle weiteren Ursachen und Wirkungen bestimmt. Bringe Licht in all die Aspekte in deinem Leben, die sich im Mangel befinden und richte sie bewusst auf die Fülle aus. Erlaube dir, Reichtum, Glück, Liebe, Harmonie, Freude und Leichtigkeit in dein Leben einzuladen und verabschiede dich von Zweifeln, Ängsten, Misstrauen und Ärger. All diese negativen Gefühle sind uns vermutlich nur zu bekannt, und sich wirklich für die Fülle und Schönheit des Lebens zu öffnen kann zunächst beängstigend sein, weil fast unmittelbar die Angst einsetzt, all das Schöne wieder zu verlieren. Doch Hand aufs Herz: Was hast du zu verlieren, wenn du dich für neue Wege öffnest? Wenn es wirklich nicht klappen sollte, dann kehrst du schlimmstenfalls zu deinem Ausgangszustand, zu deinem aktuellen Status Quo, zurück. Du hast also wirklich nichts zu verlieren und kannst nur gewinnen. Behalte insbesondere das Gesetz der Polarität und der Schwingung im Bewusstsein. Erlaube Veränderung in deinem Leben.

Gehe nun den ersten Schritt und decke Parallelen zwischen den sieben universellen Gesetzen und deinem Leben auf und aktiviere deine intrinsische Schöpfungs- und Heilkraft. Benutze folgende Fragen für jedes einzelne Gesetz:

1. Wie sieht dein Leben aus, wenn du es im Einklang mit diesem Gesetz führst?
2. In welchen Lebensbereichen lebst du bereits im Einklang mit diesem Gesetz?
3. Welche Lebensbereiche haben Raum für eine tiefere Verbindung und Ausrichtung mit diesem Gesetz?
4. Was für Schritte kannst du gehen, um mehr Harmonie und Balance mit diesem Gesetz zu schaffen?

Tauche nun noch tiefer in deine persönliche Struktur ein. Schreibe alle Gedanken zu den folgenden Begriffen auf, die dir in den Sinn kommen. Filtere keinen einzigen Gedanken heraus und schreibe wirklich alles auf, was in deinem Bewusstsein aufkommt:

1. Liebe
2. Partnerschaft
3. Freundschaft
4. Ich
5. Familie
6. Geld
7. Beruf
8. Erfüllung
9. Reisen
10. Tiere
11. Natur
12. Musik
13. KunstKinder

14. Wachstum
15. Rente
16. Krankheit
17. Gesellschaft
18. Umwelt

Analysiere nun deine Gedanken, die dir zu den einzelnen Begriffen gekommen sind. Du kannst diese Übung auch über einige Tage machen und sehen, was für andere Gedanken noch aufkommen. Markiere nun alle Gedanken, die der Fülle entsprechen in deiner Lieblingsfarbe und alle Gedanken, die dem Mangel entsprechen, mit einer Signalfarbe. Schau dir nun zunächst all die Gedanken, die der Fülle entsprechen bewusst an und erlaube dir, die Leichtigkeit, die Harmonie, das Glücksgefühl und die Liebe zu spüren. Erlaube dir, die Fülle mit jeder einzelnen Faser deines Körpers zu spüren. Du hast nun ein positives Energiefeld geschaffen. Schaue dir nun die Gedanken an, die dem Mangel entsprechen und erlaube dem positiven Energiefeld diese Gedanken zu transformieren. Formuliere all diese Gedanken nun um, sodass sie ebenfalls positiven Gedanken der Fülle entsprechen.

Du hast nun die perfekte Basis geschaffen, um kraftvolle Visionen zu entwickeln. Wie genau du das machen kannst, schauen wir uns im nächsten Kapitel näher an.

„Du ziehst nicht das an, was du willst.
Du ziehst das an, wovon du glaubst, dass es wahr ist."
Neville Goddard

Kraftvolle Visionen

„Kreiere die größte Vision für dein Leben, denn du bekommst das, woran du glaubst."
Oprah Winfrey

Unsere moderne Welt befindet sich in konstantem, rasantem Wandel. Oftmals haben wir daher das Gefühl, dass wir keine Kontrolle über unser Leben haben. Diese falsche Annahme führt uns dann oft zu der Schlussfolgerung, dass es am einfachsten ist, unsere Träume aufzugeben und uns den Umständen einfach willenlos hinzugeben. Mit dieser Einstellung verfallen wir in einen Zustand der Passivität der eine Frustration nach der anderen kreieren wird. Daher ist es genau in diesem Moment so wichtig, deine Träume aufrecht zu halten. Und noch viel mehr: Formuliere deine Träume in kraftvolle Visionen, die dir den Antrieb geben, immer weiter zu gehen, egal welche Schwierigkeiten und Hindernisse das Leben für dich bereit hält. Belebe dein inneres Kind wieder und lasse deiner Kreativität freien Lauf und höre einfach nicht auf, zu träumen und an deine Träume zu glauben. Egal, was andere sagen oder wie aussichtslos deine aktuelle Situation sein mag. Gib nicht auf. Verfolge deine Träume und werde Schritt für Schritt eine bessere, harmonischere, glücklichere Version deines Selbst.

Lass uns nun einige Tricks anschauen, die dir dein Verstand präsentiert, um dich davon zu überzeugen, dass es am besten ist, deine Träume aufzugeben:

1. Angst vor dem Scheitern.

Wir alle haben in unserem Leben Erlebnisse gemacht, in denen wir mit unseren Vorhaben gescheitert sind. Schnell kann sich dann der Gedanke „Ich bin einfach nicht gut genug. Es soll nicht sein.“ einschleichen und wir machen es uns bequem und verweilen in Passivität und Selbstmitleid. Wir sind in der Opferrolle und haben somit unsere Schöpfungskraft aus den Händen gegeben. Wir identifizieren uns mit unserem Scheitern und erlauben der Angst vor potenziellen weiteren Misserfolgen, überhand zu nehmen. Dein Verstand vermittelt dir das Gefühl, dass es besser, „sicherer“ ist, keine weiteren Versuche zu unternehmen, um weiteren Enttäuschungen und Verletzungen vorzubeugen. Wenn du dieser falschen Überzeugung nachgibst, wirst du auf der Schwingungsebene des Mangels verweilen und nur mehr Mangel in deinem Leben manifestieren.

2. Andere glauben nicht an dich.

Nicht alle von uns sind von einem Kreis von unterstützenden Freunden und Familie umgeben. Unsere Realität ist vielmehr das genaue Gegenteil: keiner glaubt an uns und andere denken, dass wir es sowieso nicht schaffen. Lass dich nicht von der Einstellung anderer beeinflussen, wenn diese selbst auf der Frequenzebene des Mangels leben. Entscheide dich bewusst dafür, Distanz zwischen dir und diesen Menschen zu schaffen und stärke wieder und wieder dein Selbstbewusstsein. Du kannst alles schaffen, wenn du an dich selbst glaubst.

3. Langeweile.

Träume und Visionen sind zu Beginn wie eine Liebesbeziehung: aufregend und spannend. Nach der anfänglichen Verliebtheit, setzt jedoch die Phase ein, die Arbeit erfordert, um deine Träume Realität werden zu lassen. Und diese Phase kann ganz schön anstrengend sein und vermutlich wirst du den ein oder anderen Rückschlag hinnehmen müssen. Du wirst nur die notwendige Inspiration und Ausdauer aufbringen können, wenn du eine kraftvolle Vision hast. Nimm dir also ausreichend Zeit, um deine Vision genau zu definieren und in deinem ganzen Körper zu spüren. Überprüfe, ob diese Vision wirklich deinem Herzenswunsch entspricht oder in Wirklichkeit vielleicht eher der Wunsch eines anderen ist. Sei absolut ehrlich!

4. Stillstand.

Jeder erfolgreiche Mensch, egal ob Sportler, Unternehmer oder Promi, hat irgendwann in seinem Leben ein Plateau erreicht. Plateau-Erfahrungen sind ein normaler Bestandteil auf dem Weg zum Ziel. Oftmals fühlen wir uns jedoch festgefahren, als ob unser Leben zum Stillstand gekommen ist. Dies löst dann eine gewisse innere Unruhe und Unzufriedenheit aus. Vergiss in diesem Moment nicht, deinen Fokus auf deine kraftvolle Vision zu richten. Verliere dich nicht in den Kleinigkeiten auf dem Weg zur Realisierung deiner Vision. Lass deine Vision niemals aus den Augen. Und feiere dich für all die kleinen Errungenschaften und Erfolge, die du bis dato bereits verzeichnen kannst. Und vertraue, auch diese Erfahrung wird vorübergehen und nicht von Dauer sein. Phasen von vermeintlichem Stillstand sind in Wahrheit Phasen der Integration und Ruhe.

5. Wunsch nach Gewissheit.

Wir führen einen ständigen inneren Kampf: wir haben das Bedürfnis, Schmerz zu vermeiden und Freude zu erleben. Diese Ausrichtung ist für alle Menschen gleich und de facto eines der mächtigsten menschlichen Bedürfnisse. Vergiss aber nicht, dass jede schmerzhafte Erfahrung letztendlich ein wichtiger Katalysator für dein Wachstum gewesen ist. Und wenn du stets krampfhaft versuchst, Schmerz zu vermeiden, raubst du dir tatsächliche Wachstumsmöglichkeiten und verweilst in deiner Komfortzone und auf der Frequenz der Angst und somit des Mangels. Das ist ein paradox für den Verstand, denn rational gesehen möchten wir natürlich keinen weiteren Schmerz empfinden. Dennoch ist das unsere bekannte Arena. Und da wir uns so sehr nach Gewissheit sehnen, manifestieren wir wieder und wieder schmerzhafte Situationen, da wir mit diesen vertraut sind. Wahres Glück und Freiheit ist den meisten von uns nicht bekannt, und somit sind wir mit diesen Gefühlen nicht verbunden und sie können uns nicht das Gefühl der Gewissheit bieten.

„Sobald du erkennst, dass der Weg das Ziel ist und
dass du immer unterwegs bist,
nicht, um ein Ziel zu erreichen, sondern um seine
Schönheit und seine Weisheit zu genießen,
hört das Leben auf, eine Aufgabe zu sein,
und wird natürlich und einfach,
an sich eine Ekstase."
Sri Nisargadatta Maharaj

Lass uns nun die andere Seite der Münze anschauen. Tipps und Tricks, wie du deine Vision, deine Träume stärken kannst und so niemals aufgibst:

1. Ändere deine Geschichte.

Wir alle haben diese kleine Stimme in unserem Kopf, die uns wieder und wieder sagt, warum wir etwas nicht haben können. Genau diese Stimme ist unser größtes Hindernis. Entdecke diese Stimme in deinem Kopf und erkenne die einschränkenden Glaubenssätze, die deine Geschichte bilden. Lasse diese Glaubenssätze nun los, verbinde dich mit deiner Mitte, ruhe in deiner Innenwelt und etabliere einen unaufhaltsamen Glauben an dich selbst. Finde einen Glauben, der dich stärkt und erlaube ihm, sich zu festigen.

2. Finde deine Bestimmung.

Tauche tief in deine Innenwelt ein und höre auf den Ruf deines Herzens. Verbinde dich mit deiner Intuition und entdecke Schritt für Schritt, für was du brennst. Erlaube dir, dich vollkommen zu öffnen, damit du deine Bestimmung, deinen ultimativen Sinn im Leben entdecken kannst. Dieser Prozess kann mehrere Tage, Wochen, Monate oder Jahre andauern. Vermutlich wird deine Vision über deine Bestimmung mit der Zeit klarer und klarer. Du brauchst keine absolute Klarheit über deine Bestimmung zu Beginn. Halte jedoch den Wunsch, deine Bestimmung zu finden aktiv in deinem Bewusstsein und verbinde jede deiner Handlungen und Entscheidungen, mit diesem Zweck. Das Universum, das Leben selbst, wird dich entsprechend führen und du wirst niemals an Motivation mangeln.

3. Erkenne Hindernisse als Chancen an.

Du bist der Schöpfer deiner Wirklichkeit. Was ist der Unterschied zwischen Erfolg und Misserfolg? Deine

Perspektive. Wenn du verstanden hast, dass sich das Leben immer zu deinen Gunsten entfaltet, kannst du alle Herausforderungen als Gelegenheiten zum Lernen und Wachsen annehmen. Jedes Scheitern bildet einen wichtigen Meilenstein auf deinem Weg zum Ziel und hilft dir bei zukünftigen Entscheidungen.

4. Feiere deine Erfolge.

Jeder Tag ist ein Geschenk, jeden Tag erreichst du etwas. Also gibt es jeden Tag etwas zu feiern! Übe dich in Dankbarkeit für alles, was du hast. So kreierst du ein positives Energiefeld und ziehst Positives an, dass dir bei der Realisierung deiner Vision hilft.

5. Meditation.

Meditation hilft dir dabei, deine Identität und deine Glaubenssätze besser kennenzulernen. Da du mehr und mehr zum Beobachter deiner Gedanken wirst kannst du Schritt für Schritt die Identifikation mit ihnen lösen. Du stoppst so die Dauerschleife, die sich unentwegt in deinem Kopf abspielt und kannst eine neue Platte auflegen. Du trittst aus dem Autopiloten in deine Schöpfungskraft und hast so wieder das Steuerrad über dein Leben in der Hand.

6. Visionboard.

Male dir deine Zukunft so bunt und lebendig wie nur möglich aus. Unsere Seele denkt in Bildern und deswegen ist eine lebhafte Fantasie ein wundervolles Tool, um deine Lebensvision schon jetzt in deinen Alltag zu holen. Diese inneren Bilder haben die Kraft, dein Unterbewusstsein zu programmieren. Gleichzeitig tauchen sie auch wieder und wieder auf deiner Bewusstseinsebene auf, du hast also eine doppelte Verankerung. Bringe all diese Bilder auf dein Visionboard. Du kannst hierfür Schnipsel aus Zeitschriften verwenden, Dinge sammeln und an dein Visionboard heften, mit Kalligraphie experimentieren, usw. Verbinde dich regelmäßig mit deinem Visionboard und erweitere es ggfs. Hole dir deine Wünsche und Ziele täglich in deine Bewusstseinsebene und verbringe ein paar Momente mit ihnen, damit du die Richtung nicht verlierst.

7. Journaling.

Journaling ist wie ein Date mit dir selbst. Du setzt dich ganz bewusst mit deinem Inneren auseinander und möchtest jedes noch so kleine Detail kennenlernen. Diese bewusste Ich-Zeit stärkt dein Bewusstsein und bringt Klarheit über deine Gedanken und Gefühle. So trittst du in deine Macht, deine Entscheidungen, Erfahrungen und schlussendlich deine Realität bewusst zu lenken. Beim Journalen geht es in erster Linie darum, dich mit deiner Intuition zu verbinden. Dies kannst du tun, indem du bspw. deine Ziele klar formulierst, Ereignisse reflektierst und Erfolgs- und Glücksmomente dokumentierst.

Im Leben gibt es keine Zufälle. Alles, was aktuell in deinem Leben ist, hast du zu irgendeinem Zeitpunkt in deinem Leben selbst erschaffen - bewusst oder unbewusst. Dein Leben ist ein direktes Resultat deiner inneren Überzeugungen. Sprich, das Leben gibt dir genau das, was du glaubst zu verdienen. All deine Gedanken und Gefühle, deine Entscheidungen und deine Reaktion auf Erfahrungen tragen zu dem Abbild deines Lebens bei. Deine äußere Welt ist eine direkte Spiegelung deiner inneren Welt. Deswegen ist es so wichtig, eine kraftvolle Lebensvision, einen großen Traum zu haben, um deinem Leben einen roten Faden vorzugeben. Frage dich immer wieder, wer du wirklich sein möchtest, welchen Einfluss du im Leben haben möchtest, in was für einer Welt du leben möchtest, was für eine Welt du dir für deine Freunde, Familie, Kinder wünschst. Wenn du diese Fragen aktiv in deinem Bewusstsein hältst, wirst du deinen ganz eigenen Weg finden. Denn was richtig für dich ist, weisst letztendlich nur du selbst. Wähle also Klarheit, höre auf den Ruf deines Herzens und erschaffe dein eigenes Leben und lebe dein wahres Ich.

Eine kraftvolle Lebensvision beinhaltet klare Vorstellungen für all die folgenden Lebensbereiche. Du musst nicht alle Antworten jetzt in diesem Moment parat haben. Räume dir aber mindestens einen Tag in der Woche ein, an dem du dich bewusst mit diesen Bereichen und den Fragen rund um deine ganz eigene Vision auseinandersetzt. So kommst du deiner eigenen Vision Schritt für Schritt näher und es werden sich Wege und Möglichkeiten für dich öffnen, an die du nicht einmal gedacht hättest.

1. Beitrag in der Welt: Was möchtest du der Welt, deinem Umfeld anbieten? Wie kannst du die Welt durch deine Einzigartigkeit bereichern?
2. Beziehungen: Welche Eigenschaften sind für dich in einer Partnerschaft oder Freundschaft essentiell?
3. Charakter: Wer möchtest du auf dieser Welt sein? Wie möchtest du wahrgenommen werden?
4. Geld & Finanzen: Wie möchtest du die Fülle in deinem Leben teilen und weiter wachsen lassen?

5. Gesundheit: Wie möchtest du dich in deinem Körper fühlen?
6. Karriere: Welche Fähigkeiten zeichnen dich besonders aus und erfüllen dich, bringen dir Freude?
7. Lebensqualität & Umfeld: Wie möchtest du dich in allen Bereichen deines Lebens fühlen?
8. Mindset: Dein Verstand folgt dem Ruf deines Herzens. Welche Richtung gibt dir dein Herz vor?
9. Passion, Kreativität & Abenteuer: Was ist dein authentischer Ausdruck von Freiheit, Verspieltheit, Wildheit?
10. Spiritualität: An welche höheren Gesetze glaubst du? Welche Türen öffnet dieser Glaube für dich?

„Es erscheint immer unmöglich, bis es vollbracht ist."
Nelson Mandela

EXKLUSIVER BONUS

GRATIS HÖRBUCH

Positive Psychologie –
Wie Sie Glaubensätze lösen, negative Gedanken loswerden und ihr Glück selbst in die Hand nehmen

Halten Sie Ihre Handykamera einfach auf den QR Code und kommen Sie so zu dem Gratis-Download:

QR-Code mit Kamera scannen und GRATIS Bonus erhalten:

Morgenroutine

Dein Start in den Morgen bestimmt deinen ganzen weiteren Tagesverlauf. Wenn du also angsterfüllt aufstehst und als erstes an all die Aufgaben denkst, die es zu erledigen gilt, wird sich diese Stimmung über deinen ganzen Tag ziehen. Stress, Selbstzweifel, Müdigkeit und Überforderung sind somit vorprogrammiert. Als Folge dessen fühlst du dich schwermütig und alle Aufgaben können nur mit größter Anstrengung bewältigt werden. Ein simples Morgenritual kann dir dabei helfen, positiv in deinen Tag zu starten und so deine Batterie wieder und wieder aufzuladen. Wie du nun bereits weisst, hängt die Qualität deines Lebens nicht von deinen Umständen oder deiner Umwelt ab. Der Schlüssel zu einem positiven Leben liegt in dir. Und du kannst in jedem Moment deine mentalen und emotionalen Filter anpassen und so deine Sichtweise verändern und den Kurs deines Lebens neu ausrichten. Vergiss nicht, dass alle Überzeugungen und großen Revolutionen mit nur einem einzigen Gedanken begonnen haben. Morgenrituale sind ein wertvolles Werkzeug, um neue Geschichten, neue Filter in deinem Bewusstsein zu etablieren und dich in einen positiven, stärkenden Zustand zu versetzen. Die einfachste Regel für Morgenrituale ist ganz simpel: Starte deinen Tag mit positiven Gedanken. Wenn du gleich morgens beginnst, dein Bewusstsein auf die positiven Dinge zu richten, wird dir im Verlauf des Tages auch mehr Positives begegnen. Du kannst dir eine Situation in Erinnerung rufen, in der du dich so richtig glücklich, frei und wohl gefühlt hast. Schließe die Augen und verbinde dich so tief mit dieser Erinnerung, dass du die Weichheit und Offenheit deines

Körpers auch jetzt wieder spüren kannst. Erlaube dir, diesen Moment voll und ganz zu genießen. Es können nur ein paar Minuten sein. Widme diese Momente jedoch voll und ganz dieser Erfahrung und erlaube dem Energiefluss ungefiltert jede einzelne Zelle deines Körpers zu berühren. Die Energie, mit der du in den Tag startet, bildet das Fundament für dein Energielevel und einen erfolgreichen Tagesverlauf. Bewusstsein ist hier ein weiterer Schlüsselpunkt. Dein Bewusstseinslevel oder auch dein Grad an Wachheit, stehen in direktem Zusammenhang mit deinem Level an Klarheit, Produktivität, Fokus, Freude, Dankbarkeit und Harmonie. Jeder einzelne Tag ist ein Geschenk und birgt eine Vielzahl an Überraschungen und ist wie ein kleines Leben in sich. Und das macht jeden einzelnen Tag so unglaublich wertvoll. Unser Leben ist im Endeffekt die Summe aller Tage, mit denen wir beschenkt wurden. Je mehr Freude, Liebe und Dankbarkeit du also in jeden einzelnen Tag bringst, umso größer ist deine Endsumme an freudigen, liebevollen Momenten. Jeder Tag zählt.

Viele Menschen sind jedoch Langschläfer und es fällt ihnen extrem schwer, morgens aus dem Bett zu steigen. Der Wecker wird mindestens dreimal gesnoozt, bevor der beschwerliche Weg aus dem Bett in Angriff genommen wird. Eine morgendliche Routine kann dir dabei helfen, diese Routine zu ersetzen, da du etwas hast, für das es sich zu aufstehen lohnt. Was genau ist also eine Morgenroutine? Eine Morgenroutine ist ein Ablauf bestimmter Tätigkeiten, die du zuvor bewusst gewählt hast und die du als erstes, direkt nach dem aufwachen, machst. Bei der Wahl der Tätigkeiten ist es wichtig, Dinge zu wählen, von denen du weisst, dass sie dir gut tun und dich dabei unterstützen, einen positiven Ton für den restlichen Tag vorzugeben. Deine Morgenroutine bildet also die Grundlage für einen glücklichen und erfolgreichen Tagesverlauf. Außerdem unterstützt sie dich dabei, deine Träume, Wünsche, Ziele und Visionen zu erreichen, weil du dich auf der Frequenz der Fülle bewegst. Du wählst also bewusst die Energie und Dynamik, mit der du durch den Tag gehen möchtest. Und letztendlich wie du durch dein gesamtes Leben gehen möchtest. Du gibst Sorgen, Stress, Demotivation und anderen negativen Gedanken und Gefühlen keinen Raum, sondern richtest deinen Fokus wieder und wieder auf die Fülle, Freude, Produktivität und Begeisterung, die immer Teil des Lebens sind. Diese Ausrichtiúng wirkt sich positiv auf deine Beziehungen, deine Arbeit, deine Gesundheit und schlussendlich auf dein ganzes Leben aus. Das Geheimnis von Morgenritualen liegt in dem Perspektivwechsel, den du wählst:

Du trittst in deine Schöpfungskraft, deine proaktive Gestaltungsfähigkeit, anstatt nur blind auf die Ereignisse in deinem Leben zu reagieren. Oftmals ist unsere erste Handlung heutzutage der Griff zum Handy, sobald wir aufwachen. Doch in dem Moment, in dem du zu deinem Handy greifst, übergibst du die Kontrolle über deinen Tagesverlauf äußeren Einflüssen und trittst so aus deiner Schöpfungskraft in eine reaktive Position. Deine Gedanken und Gefühle werden nun von deinen Nachrichten, deinen Emails, dem Social Media Newsfeed gesteuert und du hast keinerlei Kontrolle darüber, was als nächstes in dein Bewusstsein poppt. Mache dein Wohlbefinden zu deiner obersten Priorität und wähle die ersten Momente deines Tages bewusst nur für dich. Nimm dir ein paar bewusste Momente, um in dich hineinzuhören, zu sehen, was du gerade brauchst. Schenke dir selbst die Aufmerksamkeit, die du sonst so oft im Außen suchst.

Hier nochmals die fünf wichtigsten Gründe, warum du noch heute eine Morgenroutine für dich kreieren solltest:

1. Deine erste Tat am Morgen ist die Verbindung mit deiner Schöpfungskraft, deiner Intuition. Du verbindest dich also mit deiner proaktiven Gestaltungsfähigkeit und bist voller Klarheit.
2. Jeder Tag ist ein Geschenk und du stehst mit Begeisterung auf und freust dich auf all die Erlebnisse und Überraschungen, die dich an diesem Tag erwarten.
3. Du verbindest dich mit der Frequenz der Fülle und setzt somit den Grundstein für dein Energielevel deines gesamten Tages.
4. Durch deine positive Ausrichtung bist du motivierter, fokussierter, produktiver, glücklicher und zufriedener.
5. Da du mit der Frequenz der Fülle verbunden bist, sendest du positive Energie an dein Umfeld und wirst daher auch eben diese Energie erhalten.

13 Möglichkeiten für eine liebevolle, unterstützende und effektive Morgenroutine

Die im Folgenden vorgestellten Morgenrituale sollen dir als Inspiration und Anreiz dienen. Du musst natürlich nicht alle in deine Morgenroutine einbauen. Schau einfach, welche dich natürlich ansprechen, welche sich für dich gut anfühlen und verändere sie gerne auch dahingehend, dass sie wirklich für dich passen.

1. Achtsamkeit

Achte insbesondere nach dem Aufstehen auf deine innere Stimme, die Gespräche, die in deinem Inneren ablaufen, deine Gedanken. Deine Denkweise am Morgen nach dem aufwachen bestimmt den Ton für den restlichen Tagesverlauf. Wandle bewusst alle negativen Gedanken in positive, lebensbestärkende und unterstützende Gedanken um, die dich mit Leichtigkeit und Liebe durch den Tag führen.

2. Affirmationen

Affirmationen sind positive Aussagen, die du leise in deinem Geiste wiederholen oder aber auch laut vor dir aufsagen kannst. Affirmationen können ein hilfreiches Werkzeug sein, um Negativität zu überwinden, Selbstvertrauen aufzubauen und positive Veränderungen in unser Leben einzuladen. Affirmationen helfen uns dabei, unsere Denkweise und unsere Handlungen zu verändern. Im nächsten Kapitel gehen wir genauer auf Affirmationen ein, was wir bei ihrer Formulierung beachten sollten, wie ihre Wirksamkeit erhöht werden kann, usw.

3. Atemübungen

Achtsames und bewusstes Atmen, auch als „Breathwork“ bekannt, ist eine Sammlung verschiedener Atemtechniken. Diese Techniken haben eine heilende Wirkung, können uns dabei helfen, innerlich zu wachsen, klarer zu sehen und bringen Körper, Geist und Seele im Allgemeinen in Einklang. Breathwork hilft dir dabei, deine Selbstheilungskräfte zu aktivieren und dich mit deiner Intuition und deinem Higher Self zu verbinden. Breathwork verzeichnet eine ganzheitliche und holistische Wirkungsweise und wird in unterschiedlichsten Bereichen eingesetzt. Alle Breathwork-Techniken haben zum

Ziel, das Erleben des Bewusstsein zu verstärken und die Verbindung zwischen Körper und Geist zu stärken. Es existiert heutzutage eine Vielzahl an unterschiedlichsten Varianten an Breathwork: Holotropic Breathwork, Rebirthing, Pranayama-Breathwork, Shamanic Breathwork, die Wim-Hof-Methode etc.

4. Bewegung

Bewegung am Morgen hilft Depressionen und Angstzustände zu verringern und hat somit einen direkten positiven Effekt auf deine Gesundheit. Außerdem kurbelt Bewegung deine Sauerstoffversorgung an, spricht deine Glückshormone an und weckt deinen Körper sprichwörtlich auf. Wenn du morgens mit etwas Bewegung in den Tag startest, hast du direkt das Gefühl, etwas Gutes für dich getan zu haben. Außerdem hast du einen Grund aufzustehen, weil du direkt mit etwas startest, dass dir Spaß macht. Es ist wichtig, dass du dir eine Tätigkeit aussuchst, die dir wirklich Spaß macht, sodass du dran bleiben kannst und sie langfristig in deinen Alltag integrieren kannst. Du kannst bspw. Ins Fitnessstudio gehen, Yoga oder andere Stretchübungen machen, Spazieren gehen, Tanzen, Joggen, etc.

5. Dankbarkeitspraxis/ Dankbarkeitstagebuch

Dankbarkeit in deinen Alltag zu integrieren ist immer eine gute Idee und hilft dir dabei, deinen Fokus wieder und wieder auf die positiven Aspekte zu richten. Dankbarkeit als Teil deines Morgenrituals ist besonders wirkungsvoll, weil du deinen Tag auf der Frequenz der Fülle beginnst. Wie würde dein Leben aussehen, wenn dein erster Gedanke täglich „Danke“ wäre? Du erlaubst Negativität keinen Raum, denn sie kann neben Dankbarkeit nicht bestehen. Du kannst dir die Dinge, für die du dankbar bist im Geiste aufrufen oder aber ein

Dankbarkeitstagebuch führen, dass du jederzeit wieder durchsehen kannst, um eine extra Ladung positive Energie zu tanken.

- Sei dankbar für all die Geschenke, die bereits Teil deines Lebens sind: deine Familie, deine Freunde, die Pflanzen in deiner Wohnung, dein Zuhause, die warme Dusche, dein Job, deine Gesundheit, das Geschenk eines neuen Tages.
- Sei schon heute dankbar für all die Geschenke, die das Leben noch für dich bereit hält: die Träume, die du realisieren wirst, die Menschen, denen du begegnen wirst, die Ziele, die du erreichen wirst, der Tag, der vor dir liegt.

6. Herzensprojekt

Der Morgen ist der Moment mit dem größten Schöpfungspotenzial, weil wir noch frisch sind und so die meiste Aufmerksamkeit, Kraft und Motivation haben. Durch all die Aufgaben und Entscheidungen, die wir im Laufe des Tages erledigen und treffen, verlieren wir viel Energie. Am Ende des Tages fühlen wir uns dann unter Umständen ausgelaugt und müde und haben keine Energie mehr, uns den Dingen zu widmen, die uns wirklich am Herzen liegen. Mache dein Herzensprojekt also zu deiner Priorität und räume täglich mindestens 15 Minuten am Morgen für dein Herzensprojekt ein. Vielleicht träumst du schon lange von deiner Selbstständigkeit, würdest gerne ein Buch schreiben, dich ehrenamtlich betätigen, Geschenke basteln, Briefe schreiben, ein Bild malen, etc. Folge dem Ruf deines Herzens und schaffe bewusst Zeit für dein Herzensprojekt!

7. Inspiration & Weiterentwicklung

Deinen Geist bewusst mit inspirierenden Inhalten zu füttern ist immer ein guter Start in den Tag. Wenn du mit einer großen Portion Inspiration in den Tag startest, gibt dir das die Kraft und Energie, Wege zur Umsetzung deiner Ziele und Träume zu finden. Erlaube täglich mindestens 30 Minuten, um ein Buch zu lesen, ein Hörbuch oder Podcasts zu hören, TedTalks anzuschauen oder an einem Onlinekurs teilzunehmen.

8. Intention für den Tag

Ein kraftvolles, aber oft nicht genügend anerkanntes Werkzeug für deine Morgenroutine ist das setzen einer Intention. Eine Intention ist die Absicht, eine bestimmte Handlung auszuführen oder auch fokussiertes Bewusstsein. Manchmal werden auch die Wörter Wille, Ziel, Vorsatz oder Motivation verwendet. Mit einer Intention richtest du dein Bewusstsein konkret auf die Energie aus, mit der du durch den Tag oder dein Leben gehen möchtest. Deine Intention kann sich je nach Situation während des Tages auch verändern. Ein Beispiel für eine übergreifende Intention ist „Ich wähle in jeder Situation stets Liebe." Du kannst dir kleine Erinnerungen mit deiner tagesaktuellen Intention setzen, damit du sie dir über den Tag verteilt immer wieder ins Bewusstsein rufst.

9. Journaling

Journaling ist anders als Tagebuch führen. Denn beim Journalen setzt du dich ganz bewusst mit deinem Inneren, deinen Gedanken und deinen Gefühlen auseinander und setzt sie in Kontext zu deiner Vision. Es ist nicht eine reine Bestandsaufnahme deines Innenlebens oder deiner Erlebnisse, wie es beim Tagebuchschreiben oft der Fall ist. Diese bewusste Auseinandersetzung mit deinem Innenleben hilft dir, Klarheit und Insights zu gewinnen. Dies bildet die Basis für evt. Anpassungen deiner aktuellen Ausrichtung oder Perspektive, sodass du wieder auf Kurs mit deinen Wünschen und Zielen bist.

10. Kalte Dusche

Kalte Duschen sind spätestens seit Wim Hof in aller Mund und werden fast als das ultimative Wunderheilmittel beschrieben. Tatsächlich ist es schon lange bekannt, dass kalte Duschen unter anderem Schmerzen und Entzündungen lindern, das Glücksempfinden steigern, die Haut straffen, die Sauerstoffversorgung ankurbeln und die Gesundheit im Allgemeinen verbessern. Vielleicht möchtest du es ja auch selbst einmal ausprobieren, entweder mit einer Wechseldusche oder einer reinen kalten Dusche für einige Sekunden. Du kannst dann langsam und schrittweise deine Zeiten aufbauen.

11. Meditation

Meditation erfährt sich immer größerer Beliebtheit und mehr und mehr Menschen erleben die positiven Effekte in Zusammenhang mit Meditation wie bspw. reduziertes Stressempfinden, erhöhte Konzentration und Produktivität, erhöhtes Entspannungsgefühl, Klarheit über Gedankenmuster und Emotionen. Wenn das Thema Meditation neu für dich ist, beginne mit kleinen Intervallen, vllt. 10-15 Minuten. Die Idee von Meditation ist, dass du dir einige bewusste Momente mit dir selbst in Stille nimmst. Zu Beginn kann es hilfreich sein, einer geführten Meditation zu folgen. Du kannst dafür Apps wie

Headspace nutzen. Am Ende des Buches findest du auch drei Meditationsskripte, die du entweder selbst aufnehmen kannst oder dir von jemandem vorlesen lassen kannst.

12. Musik

Musik hat eine magische Wirkung auf uns Menschen. Musik ist super kraftvoll und bringt Menschen zusammen, ermöglicht Selbstentfaltung und kann dich sogar glücklicher und produktiver oder aber traurig und schwermütig machen. Die Wirkung von Musik auf das menschliche Gehirn wurde auch wissenschaftlich untersucht. Dabei wurde herausgefunden, dass das menschliche Gehör zu den sensibelsten Sinnesorganen gehört. Dies ist darauf zurückzuführen, dass unser Gehör sehr eng mit dem limbischen System verknüpft ist. Das limbische System steuert unsere Gefühle und unser Triebverhalten. Die Natur des Menschen ist eng mit der Musik verbunden, wir werden sprichwörtlich mit Rhythmus im Blut geboren: wir spüren von unserem ersten bis zu unserem letzten Moment in unserem Leben einen Herzschlag in uns. Unsere Atmung läuft automatisch in einem individuellen Takt ab, der ebenfalls unbewusst von jeder einzelnen Zelle unserer Körpers wahrgenommen wird. Rhythmus ist daher tief in uns verankert. Schnelle Rhythmen haben eine vitalisierende Wirkung, während sanfte Klänge Entspannung einleiten.

13. Viel trinken

Ein Trick aus dem Ayurveda für einen guten und energievollen Start in den Tag ist ein einfaches Glas Wasser. Während wir schlafen, arbeitet unser Körper intensiv und benötigt daher viel Energie. Daher ist es besonders wichtig, unseren Wasserhaushalt nach dem Schlafen wieder aufzufüllen. Um den

Effekt zu verstärken, kannst du ein Glas warmes Wasser mit Zitronensaft trinken, sobald du aufwachst. Die Flüssigkeit hilft, die Gift- und Reststoffe aus deinem Körper zu führen, die dein Körper über Nacht aussortiert hat. So lässt du sprichwörtlich alte Ballasten los und hilfst deinem Körper und Geist in Schwung zu kommen und neue Energie zu tanken.

9 Tipps, deine Morgenroutine effektiv zu integrieren und umzusetzen

1. Gib dir selbst das Versprechen, dass du dein Wohlbefinden und alle damit in Verbindung stehenden Aktivitäten zu deiner Priorität machst. Dieses Versprechen ist ein Versprechen, dich selbst zu ehren und zu lieben und alles in deiner Macht stehende zu unternehmen, um deine Ziele, Träume und Visionen zu erreichen.
2. Sei realistisch und fang langsam an. Auch kleine Schritte bringen dich ans Ziel und können viel wertvoller sein, wenn sie dir Beständigkeit ermöglichen. Wir möchten oft alles direkt umsetzen und jetzt sofort all die gewünschten Ergebnisse haben. Mit dieser Einstellung übernehmen wir uns jedoch oft und werden als Ergebnis eher Frustration und Überforderung anstelle von Freude, Leichtigkeit und Enthusiasmus verspüren. Nimm dir also lieber ein Vorhaben nach dem anderen vor.
3. Plane genügend Zeit für deine Morgenroutine ein, sodass du nicht in Stress gerätst. Zu Beginn benötigst du wahrscheinlich noch einen Wecker, je mehr du deine Morgenroutine jedoch gefestigt und in deinen Alltag

integriert hast, desto natürlicher wirst du von ganz alleine aufwachen.

4. Wähle ein Zeitfenster, das sich für dich gut anfühlt. Du kannst 10 Minuten oder aber einige Stunden für deine Morgenrituale einräumen. In der Regel erweitern wir unsere Morgenrituale mit der Zeit auf natürliche Weise, weil wir die positiven Effekte direkt erlebt haben. Es ist also völlig ok, klein zu starten!
5. Bleib dran, auch wenn du dich die ersten Male vielleicht aus dem Bett quälen musst und das Gefühl hast, dir nur noch eine zusätzliche Aufgabe zu deinem sowieso schon vollen Terminkalender aufgehalst zu haben. Erlaube deinem Körper die Zeit, die er benötigt, um sich an die Umstellung zu gewöhnen. Generell brauchen wir ca. 21 Tage, um etwas als Gewohnheit in unseren Alltag zu integrieren
6. Achte auf deine Sprache und entscheide dich bewusst, positive Sprache zu werden verwenden und der Negativität so keinen Raum mehr zu erlauben. Wie du nun weisst, unsere Sprache ist eine der Hauptquellen und -Ursachen für unsere Gedanken und Gefühle. Ersetze alle „Ich muss...“-Sätze mit „Ich freue mich, dass ich...“/„Ich darf...“/„Ich möchte...“ und richte deinen Fokus so auf das Positive.
7. Orientiere dich am Rhythmus der Natur für deine Schlafens- und Wachzeiten. Sprich idealerweise stehst du mit Sonnenaufgang auf und profitierst von der Aktivierung bestimmter Hormone durch Sonnenstrahlen. Und du gehst ein wenig später als Sonnenuntergang ins Bett. Einklang mit dem Rhythmus der Natur wird dich auch in Einklang mit deinem Umfeld und dir selbst bringen.

8. Definiere eine handyfreie Zeit. Du kannst beispielsweise dein Handy jeden Abend nach 22 Uhr ausschalten oder den Flugmodus aktivieren und es erst nach deiner Morgenroutine, bspw. nach 10 Uhr, wieder einschalten. So hast du bewusst Zeit für dich selbst in deinem Alltag geschaffen, um dich mit dir selbst zu verbinden und diese Beziehung bewusst zu stärken.
9. Halte dein Versprechen dir selbst gegenüber, das Morgenritual in Guten wie in schlechten Zeiten einzuhalten. Die kontinuierliche Praxis wird dich dabei unterstützen, Resilienz und Widerstandsfähigkeit aufzubauen und demnach zu mehr Ausgeglichenheit und Freude führen.

Nimm dich, deine Träume und dein Leben ernst und mache dein Wohlbefinden zu deiner obersten Priorität und starte noch heute mit dem Geschenk dieser wertvollen Ich-Zeit am Morgen!

Positive Affirmationen

Affirmationen sind positive Formulierungen, die dir dabei helfen, deine Gedankenstruktur neu zu ordnen. Ihre Anwendung ist ähnlich wie die Anwendung von Mantras: du wiederholst deine individuelle kraftvolle Wortfolge laut vor dich, leise in dir oder aber du kannst sie auch singen. Da du deine Gedanken durch positive Affirmationen auf eine höhere Frequenz gebracht hast, wirst du auf natürliche Weise mehr Positives in dein Leben einladen. Es ist wichtig, dass du dich innig mit deinen Affirmationen verbindest und sie nicht nur stupide wie ein Roboter aufsagst und wiederholst. Es spielt auch keine Rolle, wie oft du deine Affirmationen wiederholst. Der Knackpunkt ist, deine Affirmation und ihre Wirkung in deinem Leben voll und ganz zu spüren. Stell dir vor, wie dein Leben aussieht, wenn du diese Wortfolge bedingungslos und zweifelsfrei lebst und akzeptierst. Zunächst kann sich das komisch und unecht anfühlen. Vielleicht spürst du sogar einen inneren Widerstand, wenn du die Affirmationen aufsagst. Das ist vollkommen normal. Dein Verstand strebt nach Sicherheit und alle Veränderung bedeutet Unsicherheit. Daher kann zunächst das starke Gefühl entstehen, dass diese Affirmationen nichts weiter als leeres Wunschdenken sind. Bleib aber dran und erlaube deinem Verstand, sich langsam an diese neuen Ideen zu gewöhnen und diese langsam in deine Realität zu integrieren. Allein die ständige Wiederholung der Affirmationen wird einen Effekt auf dein Unterbewusstsein haben. Dein Unterbewusstsein beginnt langsam, diese neue Ideen zu verinnerlichen und zu integrieren und so die Weichen für eine Veränderung deiner Verhaltensmuster zu stellen.

Studien belegen, dass positive Affirmationen deine Leistung steigern können. Der Schlüssel zum Erfolg ist hierbei simpel: Konstante Wiederholung. Je öfter du diese positiven Gedanken in dein Bewusstsein rufst, umso eher nimmt dein Verstand sie wie von selbst auf. Diese Veränderung deiner Gehirnstruktur wirkt sich selbstverständlich auch auf alle weiteren Ebenen aus. So trägt die positive Selbstbekräftigung dazu bei, dein Angst- und Stressempfinden zu reduzieren und sie trägt dich auch langsam und sanft aus deiner Komfortzone.

„Die ständige Wiederholung von Affirmationen
führt zum Glauben.
Ist aus dem Glauben eine tiefe Überzeugung geworden,
geschehen Dinge."
Muhammad Ali

Wir haben dir hier ein paar Beispiele für Affirmationen zu dem Thema „Positives Denken" zusammengestellt:

- Heute ist ein schöner Tag und ich freue mich aufstehen zu dürfen.
- Ich freue mich auf den heutigen Tag und bin gespannt auf das, was ich heute erleben darf.
- Ich bin voller Energie und kann jede Herausforderung meistern.
- Ich werde bedingungslos geliebt.
- Ich trage mit meinem Handeln zu einem positiven Miteinander bei.

- Ich vertraue mir selbst bedingungslos und uneingeschränkt.
- Ich liebe mich selbst genau so, wie ich bin.
- Ich schätze all meine Stärken und Schwächen und erkenne diese an.
- Ich höre auf die Stimme meines Herzens und folge dem Ruf meines Herzens.
- Ich halte das Steuerrad für mein Leben selbst in der Hand und gebe den Kurs vor.
- Ich bin der Schöpfer meines Lebens und wähle meine Reaktionen auf die Ereignisse in meinem Leben bewusst.
- Ich weiß, dass das Leben sich stets zu meinen Gunsten entfaltet und niemals gegen mich ist.
- Ich bin mutig.
- Ich vertraue dir.
- Ich liebe dich.
- Ich bin stark.
- Ich sehe meine Schönheit.
- Ich fühle mich bei dir geborgen.
- Ich fühle mich von dir gesehen und verstanden.
- Ich kann bei dir loslassen.
- Ich fühle mich bei dir willkommen.
- Ich weiss, dass ich mit meinen Sorgen zu dir kommen kann.
- Ich kann mich auf dich verlassen.
- Du unterstützt mich immer bei all meinen Vorhaben.

- Ich lebe im Einklang mit der Natur und dem Fluss des Lebens.
- Herausforderungen und Schwierigkeiten lassen mich wachsen.
- Ich vertraue, dass sich alles immer zu meinem Besten fügen wird.
- Ich vertraue dem Leben.
- Ich lade mehr Vertrauen und Leichtigkeit in mein Leben ein.
- Eine vertrauensvolle Basis erleichtert mir den Umgang mit meinen Mitmenschen und Herausforderungen.
- Ich entscheide mich für Liebe.
- Ich trage alle Antworten und Möglichkeiten bereits in mir.
- Ich bin voller Vertrauen.
- Ich habe jederzeit Zugriff auf positive Energie.
- Ich glaube an mich selbst.
- Ich freue mich auf diesen Tag und all die Erlebnisse, die er mit sich bringt.
- Ich richte meine Aufmerksamkeit auf Lösungsansätze.
- Ich bleibe mir selbst treu.
- Ich kenne meine Grenzen und scheue mich nicht, diese zu setzen.
- Ich wähle Liebe und lass Angst los.
- Ich bin dankbar für meinen gesunden Körper.
- Ich bin dankbar für meine Familie und meine Freunde-
- Ich bin dankbar für mein schönes Zuhause.

- Ich bin dankbar für die warme Dusche am Morgen.
- Ich bin mir der Fülle des Lebens bewusst.
- Ich achte auf meine Aufmerksamkeit.
- Ich folge dem Ruf meines Herzens.
- Ich erreiche meine Ziele mit Leichtigkeit.
- Ich richte meinen Fokus auf Lösungen und Möglichkeiten.
- Ich richte meinen Fokus auf meine Stärken.
- Ich spreche meine Wahrheit.
- Ich bleibe mir selbst treu.
- Ich schätze Wahrheit und Authentizität.
- Nichts hält für ewig.
- Auch das wird vorbeigehen.
- Ich beteilige mich bewusst an der Wandlung der Welt.
- Ich trage heute bewusst zu Frieden und Liebe bei.
- Mein Leben ist ein leuchtendes Beispiel und eine Gegenkraft zur Verzweiflung der Welt.
- Liebe kann alle Angst der Welt auflösen.
- Wenn genug von uns Frieden in unseren Herzen finden, wird Krieg aufhören.
- Mögen all meine Gedanken und Taten von Liebe getragen sein.
- Ich entscheide mich für Wachheit und Bewusstheit.
- Ich gebe der Angst keine Macht über mich.
- Ich entscheide mich, ein aktiver Teil der Lösung zu sein.
- Ich bin voller Mut und Tatendrang.

- Das Leben ist ein Blumenstrauß an unendlichen Möglichkeiten.
- Glück ist mein Geburtsrecht.
- In mir ruht eine unermüdliche Quelle an Kreativität und Freude
- Freiheit ist ein Resultat von bedingungsloser Liebe.
- Ich werde mich nicht den Diktaten der Angst hingeben.
- Ich folge dem Weg der Liebe.
- Ich scheue mich nicht, „Nein“ zu sagen.
- Ich bin Teil der Revolution der Liebe.
- Ich traue mich, bedingungslos zu Lieben.
- Ich erlaube mir, bedingungslos geliebt zu werden.
- Ich trage bewusst zur Entstehung einer besseren Welt bei.

Anhang

Dankbarkeitsmeditation

Stelle sicher, dass du dich an einem Ort befindest, an dem du die nächsten Momente ungestört bist und loslassen kannst.

[10 Sekunden Pause]

Finde eine für dich bequeme sitzende, aufrechte Position. Du kannst gerne auf einem Stuhl mit Rückenlehne sitzen und deine Füße auf dem Boden abstellen. Wichtig ist, dass du dich entspannen kannst und deinen Körper mühelos in dieser Position halten kannst.

[3 Sekunden Pause]

Richte deine Aufmerksamkeit nun auf deine aktuelle Körperhaltung. Strecke deine Wirbelsäule leicht, sodass dein Rücken gerade ist. Stelle sicher, dass dein Kopf aufrecht und in einer Linie mit deinem Rücken ist. Rolle deine Schultern leicht nach oben und hinten, um deine Brust zu öffnen. Erlaube deinen Händen, sanft in deinem Schoß zu ruhen. Atme nun einmal tief durch die Nase ein, und sanft und langsam durch den Mund aus. Lass alle Anspannung los.

Fühle, wie du im Hier und Jetzt ankommst und ganz natürlich zur Ruhe kommst.

Schließe nun sanft deine Augen.

[15 Sekunden Pause]

Richte deine Aufmerksamkeit nun auf deinen Atem und beobachte seinen natürlichen Fluss. Atme bewusst und aufmerksam und lasse dich von deinem Atem sanft in den gegenwärtigen Moment führen.

[15 Sekunden Pause]

Richte deine Aufmerksamkeit nun auf deinen Herzbereich. Du kannst sanft deine Hände über dein Herz legen, um eine tiefere Verbundenheit zu spüren. Stelle dir nun vor, wie sich beim Ein- und Ausatmen Liebe, Mitgefühl und Dankbarkeit von deinem Herzen in deinem gesamten Körper ausbreiten.

Fühle, wie sich die Energie in deinem Körper verändert.

Fühle, wie dein Bewusstsein wächst und sich über sich selbst hinaus erstreckt.

Nehmen dir ein paar Minuten Zeit, um auf diese Weise weiter zu atmen:

Liebe einatmen.

Liebe ausatmen.

Mitgefühl einatmen.

Mitgefühl ausatmen.

Dankbar atmen.

Dankbarkeit ausatmen.

[Pause 30 Sekunden]

Rufe dir nun Bereiche aus deinem Leben ins Bewusstsein, für die du dankbar bist. Mache deine Dankbarkeitsliste so lang, wie du möchtest. Je länger, desto besser! Mach die Liste so genau wie du kannst. Wenn du ganz genau weisst, wofür du dankbar bist, steigt das Gefühl der Wertschätzung. Das wiederum gibt dir Zugang zu noch mehr positiven Gefühlen.

Versuche nicht, krampfhaft nach Bereichen zu suchen. Lass deine Aufmerksamkeit weich und offen. Du kannst für ganz einfache Dinge dankbar sein. Hier ein Beispiel : „Ich bin dankbar für mein Bett, weil es warm und gemütlich ist und ich mich hier ausruhen kann. Es ist der Ort, an dem ich mich geschützt fühle und Kraft tanken kann. “

Beginne jetzt mit deiner Dankbarkeitsliste.

Ich bin dankbar für ...

Ich liebe...

Ich mag...

Ich schätze, dass...

Ich bin begeistert, dass ...

Weil es bringt mir

Freude.

Leichtigkeit.

Komfort.

Freiheit.

Sehr gut. Fühle die Wertschätzung. Die Freude. Die Dankbarkeit.

[30 Sekunden Pause]

Dankbarkeit ist eine Eigenschaft des Herzens.

Gefühle prägen deine Gedanken, deine Perspektive.

Gedanken prägen dein Handeln, dein Verhalten.

Ändere einen dieser Faktoren und du kannst Großes bewirken.

[5 Sekunden Pause]

Lenke deine Aufmerksamkeit nun langsam auf deinen Körper zurück. Scanne deinen Körper sorgfältig von Kopf bis Fuß. Strecke sanft deine Arme und Beine. Öffne deine Augen sanft, sobald du dich bereit fühlst.

Nimm dir ein paar Augenblicke, um die Echos dieser Meditation zu fühlen. Wie fühlst Du Dich jetzt? Fühlst du dich ein bisschen leichter? Wie fühlt sich Dankbarkeit in deinem Körper an? Was erscheint dir möglich, wenn du dankbar bist? Wie denkst du nun über deinen Ehepartner, deine Familie, deine Freunde?

[20 Sekunden Pause]

Nimm dieses machtvolle Gefühl der Dankbarkeit mit in deinen Tag. Du kannst jederzeit zu dieser Meditation zurückkehren, wenn du möchtest. Nimm dir bewusst vor, Dankbarkeit zu üben und deinen Horizont zu erweitern und so die Weichen für ein glückliches und erfülltes Leben zu stellen.

Positiver Fokus Meditation

Bevor wir beginnen, stelle sicher, dass du dich an einem Ort befindest, an dem du die nächsten Momente ungestört bist und loslassen kannst.

[10 Sekunden Pause]

[3 sanfte Einleitungstöne über die Klangschale]

Finde eine für dich bequeme sitzende, aufrechte Position. Du kannst gerne auf einem Stuhl mit Rückenlehne sitzen und deine Füße auf dem Boden abstellen. Wichtig ist, dass du dich entspannen kannst und deinen Körper mühelos in dieser Position halten kannst.

[3 Sekunden Pause]

Richte deine Aufmerksamkeit nun auf deine aktuelle Körperhaltung. Strecke deine Wirbelsäule leicht, sodass dein Rücken gerade ist. Stelle sicher, dass dein Kopf aufrecht und in einer Linie mit deinem Rücken ist. Rolle deine Schultern leicht nach oben und hinten, um deine Brust zu öffnen. Erlaube deinen Händen, sanft in deinem Schoß zu ruhen. Atme nun einmal tief durch die Nase ein, und sanft und langsam durch den Mund aus. Lass alle Anspannung los.

Fühle, wie du im Hier und Jetzt ankommst und ganz natürlich zur Ruhe kommst.

Schließe nun sanft deine Augen.

[15 Sekunden Pause]

Erweitere nun sanft dein Bewusstsein und achte auf Geräusche aus deiner Umgebung, von Geräten in deinem Zimmer oder auf Geräusche aus dem Freien.

Beobachte, wie sie kommen und gehen. Beobachte, wie manche Geräusche allmählich und andere ganz schnell wieder verschwinden.

Achte nun auch auf die Lücken der Stille zwischen den Geräuschen. Lass alle Geräusche kommen und gehen. Nimm mehr und mehr die Stille zwischen den Geräuschen wahr.

Spüre, wie sich mit der wachsenden Wahrnehmung der Lücken zwischen den Geräuschen auch mehr Ruhe und Stille in deinem Wesen ausbreitet. Fühl dich einfach gut mit dem, was du gerade fühlst. Ruhe in einem Gefühl von innerem Frieden und Gelassenheit.

[Pause ca. 10 Sekunden]

Schenke dir nun einen Moment des Glücks. Erinnere dich an einen Augenblick des Glücks in deinem Leben. Es kann ein großer oder ein kleiner Moment sein. Was auch immer dir zuerst in den Sinn kommt. Grabe nicht nach einer Erfahrung. Nimm einfach den Moment des Glücks, der sich dir auf natürliche Weise in diesem Moment offenbart.

Vielleicht war es ein Lächeln, das dir von jemandem geschenkt wurde. Oder eine Umarmung. Ein Kuss. Wärmende Sonnenstrahlen. Ein offenes Gespräch mit einem Freund.

Stell dir deinen Glücksmoment so anschaulich wie nur möglich vor.

Fühle die Schönheit.

Fühle die Freude.

Fühle die Dankbarkeit.

Fühle die Offenheit deines Herzens in diesem Moment.

Fühle den Frieden.

Fühle die Gelassenheit.

Durchlebe diesen besonderen Moment in seiner ganzen Fülle. Spüre jetzt dieselbe Energie in deinem Körper, die du damals gefühlt hast. Erlaube dir, diesen Moment noch einmal zu erleben, zu sehen, was du damals gesehen hast, zu hören, was du damals gehört hast. Lass ruhig dein inneres Lächeln herauskommen. Fühle dich jetzt so, wie du dich damals gefühlt hast.

Lade jede einzelne Zelle deines Körpers mit der Dankbarkeit, der Freude, der Schönheit, der Liebe, dem Frieden und der Gelassenheit dieses Augenblicks vollständig auf.

Genieße das Gefühl des Friedens und der Gelassenheit, die dieses wohlige Gefühl des Glücks mit sich bringt in vollen Zügen.

[Pause ca. 60 Sekunden]

Wir können jederzeit zu innerem Frieden und Gelassenheit zurück finden. In jedem Moment können wir unsere Glücksmomente aus der Vergangenheit bewusst abrufen, und uns so zu unseren inneren Mitte zurück führen lassen. Glück ist die Basis für Frieden und Gelassenheit und immer vorhanden. Wir müssen uns nur bewusst dafür entscheiden, unsere Aufmerksamkeit darauf zu lenken und die Samen des Glücks in uns zu gießen. Vergiss nicht: Alle Ereignisse des Lebens geschehen FÜR dich, nicht GEGEN dich. Manchmal wird dieser Vorgang als Konditionierung bezeichnet und dies ist ein sehr wichtiger Vorgang. Sich bewusst für das Glück zu entscheiden bedeutet nicht, dass wir Leiden von nun an ignorieren. Vielmehr erkennen und akzeptieren wir es als Teil der menschlichen Erfahrung an. Nicht mehr und nicht weniger. Wir entscheiden uns jedoch bewusst, Verantwortung für unser Leben zu übernehmen und unseren Fokus auf die positiven Dinge in unserem Leben zu setzen.

[30 Sekunden Pause]

Lenke deine Aufmerksamkeit nun langsam auf deinen Körper zurück. Scanne deinen Körper sorgfältig von Kopf bis Fuß. Strecke sanft deine Arme und Beine. Öffne deine Augen sanft, sobald du dich bereit fühlst.

Nimm dir ein paar Augenblicke, um die Echos dieser Meditation zu fühlen. Wie fühlst du dich gerade? Fühle die Energie, die jetzt durch deinen Körper fließt. Wie fühlt sich dein Körper an? Vielleicht fühlst du dich offener und ruhiger? Vielleicht fühlst du eine sanfte Wärme in dir?

Fühle dich einfach gut. Spüre die Liebe. Spüre die Freude. Spüre die Dankbarkeit.

Spüre den Frieden. Spüre die Gelassenheit. Fühle den Segen des Lebens in jedem Moment.

[20 Sekunden Pause]

Wir laden dich ein, diese Gefühle von Frieden und Gelassenheit in deinen Tag mitzunehmen. Vergiss nicht, dass du die Verantwortung für dein Leben trägst und du entscheiden kannst, worauf du deinen Fokus legst. Wählst du die positiven Aspekte in deinem Leben, so wirst du nicht nur mehr positive Erlebnisse anziehen, du wirst dich auch generell freier und glücklicher fühlen und weniger von äußeren Einflüssen beeinflusst werden.

Einfach nur Sein

Oftmals rennen wir von einer Aufgabe zur nächsten und vergessen, uns einen Moment zum durchatmen zu gönnen und einfach nur zu sein. Diese kurzen Auszeiten von der modernen geschäftigen Welt sind sehr wichtig, um dich zu erholen und Kraft zu tanken. Mit dieser Art der Selbstpflege kannst du mehr Klarheit, Konzentration und Frieden in dein Leben bringen. Du wirst auch merken, wie regelmäßige kurze Auszeiten dein Selbstwertgefühl, deine Ausdauer und deine Willenskraft stärken.

Bevor wir beginnen, stelle sicher, dass du dich an einem Ort befindest, an dem du die nächsten Momente ungestört bist und loslassen kannst.

[10 Sekunden Pause]

Finde eine für dich bequeme sitzende, aufrechte Position. Du kannst gerne auf einem Stuhl mit Rückenlehne sitzen und deine Füße auf dem Boden abstellen. Wichtig ist, dass du dich entspannen kannst und deinen Körper mühelos in dieser Position halten kannst.

[3 Sekunden Pause]

Richte deine Aufmerksamkeit nun auf deine aktuelle Körperhaltung. Strecke deine Wirbelsäule leicht, sodass dein Rücken gerade ist. Stelle sicher, dass dein Kopf aufrecht und in einer Linie mit deinem Rücken ist. Rolle deine Schultern leicht nach oben und hinten, um deine Brust zu öffnen. Erlaube deinen Händen, sanft in deinem Schoß zu ruhen. Atme nun einmal tief durch die Nase ein, und sanft und langsam durch den Mund aus. Lass alle Anspannung los.

Fühle, wie du im Hier und Jetzt ankommst und ganz natürlich zur Ruhe kommst.

Schließe nun sanft deine Augen.

[5 Sekunden Pause]

Erlaube deiner Aufmerksamkeit, weich und offen zu bleiben. Nimm nun die Luft und das sanfte Luftspiel um dich herum wahr. Fühle, wie das Gewicht deines Körpers auf der Oberfläche unter dir ruht. Scanne deinen Körper mit liebevoller Aufmerksamkeit und entspanne bewusst Regionen, in denen du Anspannungen hältst. Nimm jegliche Sensationen wahr, die in deinem Körper gegenwärtig sind. Vielleicht spürst du ein leichtes Kribbeln, ein leichtes Ziehen. Nimm auch die Temperatur in deinem Körper wahr. Sind deine Hände warm oder kalt? Wie ist die Temperatur in deinen Füßen?

[15 Sekunden Pause]

Beobachte, wie du mehr und mehr in der Gegenwart ankommst, je mehr du dich mit deinem Körper verbindest.

Richte deine Aufmerksamkeit nun sanft auf deinen Atem. Beobachte sein sanftes Heben und Senken. Beobachte seinen natürlichen Fluss, ohne etwas zu verändern. Du musst in diesem Moment an nichts denken, nichts tun. Beobachte einfach den unbeschwerten und natürlichen Rhythmus deines Atems. Dein Atem fließt ganz ohne dein zutun. Du kannst einfach nur sein. Dein Atem ist dein Schlüssel zur Gegenwart. Er fließt nur im Hier und Jetzt. Er kann nicht in der Vergangenheit oder in der Zukunft existieren. Seine Existenz ist untrennbar mit der Gegenwart verbunden.

Nimm dir ein paar Momente, um im einfachen Sein zu verweilen und den unbeschwerten Rhythmus deines Atems zu beobachten.

[30 Sekunden Pause]

Fühle, wie du dir mit jedem Atemzug mehr Raum verschaffst, dich freier und ruhiger fühlst. Dein Geist kommt mehr und mehr zur Ruhe und du kehrst mehr und mehr bei dir ein. Du genießt diese Momente der Stille und des einfachen Seins.

[30 Sekunden Pause]

Wenn du dich wieder in Gedanken verlierst, komme einfach immer wieder zu deinem Atem zurück. Es ist ok und normal, sich von Zeit zu Zeit in Gedanken zu verlieren. Sobald du es bemerkst, lässt du einfach los und beobachtest wieder den natürlichen Fluss deines Atems.

[Pause 20 Sekunden]

Beobachte, wie sich wie von selbst mehr Raum für neue Möglichkeiten öffnet, während du deine vorbeiziehenden Gedanken loslässt. Fühle, wie du mit jedem Atemzug mehr Kraft tankst und zu deiner Mitte zurück kehrst. Fühle, wie sich Gefühle von Klarheit, Konzentration und Frieden ausbreiten.

[30 Sekunden Pause]

Lenke deine Aufmerksamkeit nun langsam auf deinen Körper zurück. Scanne deinen Körper sorgfältig von Kopf bis Fuß. Strecke sanft deine Arme und Beine. Öffne deine Augen sanft, sobald du dich bereit fühlst.

Nimm dir ein paar Augenblicke, um die Echos dieser Meditation zu fühlen. Wie fühlt sich dein Körper nun an im Vergleich zu Beginn der Meditation? Wie ist die Qualität deines Geistes? Wie fühlt es sich an, einfach nur zu sein und nichts tun müssen?

[20 Sekunden Pause]

Erlaube diese Gefühle von Freiheit, Klarheit und Frieden dich in deinen Tag zu begleiten. Nimm dir über den Tag verteilt mehrere kurze Momente, dies kann nur 1 Minute sein, in denen du alles beiseite legst und einfach nur sein kannst.

Epilog

Wenn du dich mit der Kraft der Positivität verbindest, wirst du verstehen, dass Liebe die einzige unveränderliche Wahrheit ist. Die Welt und das Leben sind voller Wunder und Abenteuer. Am Ende bleibt nur Liebe. Dies ist die eine Wahrheit, an die wir uns am Ende unseres Lebens erinnern werden, oder vielleicht am Ende des Lebens eines geliebten Menschen. Es ist die Wahrheit, die wir sehen, wenn all die oberflächlichen Beschäftigungen, all die Ablenkungsmanöver unseres Verstandes beiseite gelegt sind.

Ich entscheide mich heute dafür,
die grundlegende Wahrheit meiner Existenz zu
akzeptieren:
nur Liebe ist echt.
Liebe ist unsterblich.
Wahre Liebe ist wahre Stärke.
Liebe differenziert mit Klarheit aber schließt nichts aus.
Liebe gibt Klarheit, Weisheit und Scharfsinn.

Liebe verbindet uns mit unserer intrinsischen Intuition, die uns hilft, Situationen zu erkennen, die wir sonst vielleicht nicht verstehen würden. Indem wir uns bewusst für die Liebe entscheiden, tragen wir aktiv zur Transformation der Welt bei.

Heute nehme ich bewusst und proaktiv
an einer Gegenbewegung zur Verzweiflung in der
Welt teil:
ich erschaffe ein Feld des Friedens und der Liebe.

Wenn genug von uns lieben, wird sich alle Angst und Negativität auflösen. Wenn genug von uns Frieden in unseren Herzen finden, wird jeglicher Krieg ein Ende finden. Wenn genug von uns für die Wahrheit einstehen, wird die Unwahrheit nicht länger bestehen können. Mögen all unsere Gedanken und Aktionen dazu beitragen, mehr Liebe und Frieden in die Welt zu tragen.

Ich entscheide mich bewusst
für Wahrheit und Liebe
und gebe der Angst keinen Raum mehr.
Ich entscheide mich,
Teil der Lösung zu sein.
Ich entscheide mich,
Bote des Mutes zu sein.
Ich gebe meine kritische Natur auf.

Alles, was wir tun, ist mit der Energie, mit der wir es tun, gefärbt. Selbst wenn wir denken, dass wir konstruktive Kritik üben, wird sich der andere vor den Kopf gestoßen fühlen, wenn wir etwas mit der Intention, den anderen ändern zu wollen sagen. Absolute Transparenz und Ehrlichkeit ist für wahre Kommunikation notwendig.

Ich bete heute für die Fähigkeit,
dass all meine Kommunikation effektiv ist und
auf Liebe ruht.
Ich bete heute für die Fähigkeit,
die angeborene Vollkommenheit in jedem zu ehren,
damit ein jeder meine Liebe spüren kann,
egal was ich sage und welche Worte ich verwende.
Mit jedem Wort, das ich sage,
möge ich heilen und nicht schaden.

EXKLUSIVER BONUS

GRATIS HÖRBUCH

Positive Psychologie –
Wie Sie Glaubensätze lösen, negative Gedanken loswerden und ihr Glück selbst in die Hand nehmen

Halten Sie Ihre Handykamera einfach auf den QR Code
und kommen Sie so zu dem Gratis-Download:

QR-Code mit Kamera scannen und
GRATIS Bonus erhalten:

Haftungsausschluss

Dieses Buch enthält Meinungen und Ideen des Autors / der Autorin und hat die Absicht, Menschen hilfreiches und informatives Wissen zu vermitteln. Die enthaltenen Strategien passen möglicherweise nicht zu jedem Leser, und es gibt keine Garantie dafür, dass sie auch wirklich bei jedem funktionieren. Die Benutzung dieses Buchs und die Umsetzung der darin enthaltenden Informationen erfolgt ausdrücklich auf eigenes Risiko. Haftungsansprüche gegen den Autor für Schäden materieller oder ideeller Art, die durch die Nutzung oder Nichtnutzung der Informationen bzw. durch die Nutzung fehlerhafter und/oder unvollständiger Informationen verursacht wurden, sind ausdrücklich ausgeschlossen. Das Werk, inklusive aller Inhalte, gewährt keine Garantie oder Gewähr für Aktualität, Korrektheit, Vollständigkeit und Qualität der bereitgestellten Informationen. Druckfehler und Fehlinformationen können nicht vollständig ausgeschlossen werden.

Impressum:
ZP Digital Mihail Kogalniceanu
66 of.3 MD-2009 Chişinău Moldova,
zpdigital@yahoo.com

Printed in Poland
by Amazon Fulfillment
Poland Sp. z o.o., Wrocław

90731612R00066